Robert van de Weyer

Leben wie im Kloster

Robert van de Weyer

Leben wie im Kloster

Spirituelle Disziplin
als Weg zum Wesentlichen

Verlag Hermann Bauer
Freiburg im Breisgau

Die Deutsche Bibliothek – CIP-Einheitsaufnahme

VanDe Weyer, Robert
Leben wie im Kloster : spirituelle Disziplin als Weg zum
Wesentlichen / Robert VanDe Weyer. [Dt. von Joachim Rehork]. –
2. Aufl. – Freiburg im Breisgau : Bauer, 1995
   Einheitssacht.: The way of holiness ⟨dt.⟩
   ISBN 3-7626-0472-X

Die englische Originalausgabe erschien 1992 bei
Fount Paperbacks / HarperCollins Religious,
England, London, unter dem Titel
The Way of Holiness.
A Guide to Living with Spiritual Discipline
© 1992 by Robert van de Weyer

Deutsch von Dr. Joachim Rehork

2. Auflage 1995
ISBN 3-7626-0472-X
© für die deutsche Ausgabe 1995 by
Verlag Hermann Bauer KG, Freiburg im Breisgau
Alle Rechte der deutschen Ausgabe vorbehalten
Umschlag: Markus Nies-Lamott, Freiburg im Breisgau
(linkes Foto: Ute Orth; rechtes Foto: Mauritius
Bildagentur Orde Eliason)
Satz: Fotosetzerei G. Scheydecker, Freiburg im Breisgau
Druck und Bindung: Clausen & Bosse, Leck
Printed in Germany

Gedruckt auf chlorfrei gebleichtem Papier

INHALT

VORWORT

Wer von uns hat in der Hektik seiner Alltagswelt
zwischen übervollem Terminkalender, Einkaufszettel
und der nächsten Verabredung nicht schon die Sehnsucht nach der friedvollen Stille eines Klosters verspürt?
Klöster haben Hochkonjunktur: Meditationswochenen-
den und Retreats sind sehr gefragt, auch der Tourismus
hat die Klöster längst entdeckt. Schon wenige Tage in
klösterlicher Abgeschiedenheit scheinen uns die innere
Orientierung zurückzugeben und den Blick wieder auf
das Wesentliche zu lenken.

Wie es uns gelingen kann, die Einfachheit und Klarheit des Klosterlebens in unseren von Konsumstreß
und rastloser Aktivität geprägten Alltag zu integrieren,
will uns Robert van de Weyer in diesem Buch zeigen.
Für 30 zentrale Lebensbereiche macht er Vorschläge,
auf welche Weise die drei großen Klosterregeln – Armut, Keuschheit und Gehorsam – in unser Leben inte-
griert werden können. Mag das eine oder andere zu
fordernd oder nicht praktikabel erscheinen, so kann
der Leser doch das für ihn Geeignete auswählen und
für seine persönliche Lebenssituation abwandeln. Jedes
der 30 Kapitel schließt der Autor mit einer ganz kon-
kreten Aufgabe ab – hier beginnt dann unsere Mit-
arbeit.

So ganz nebenbei gibt das Buch auch höchst interessante Einblicke in das klösterliche Leben, das Menschen schon seit Jahrhunderten fasziniert hat. Mag es auch in manchem Kloster andere Bräuche geben, als hier beschrieben, so behält die Kernaussage doch ihre Gültigkeit.

Seit jeher wissen Anhänger spiritueller Traditionen, daß Disziplin unabdingbare Voraussetzung für jede spirituelle Entwicklung ist. Dieses Buch möchte dem Leser helfen, dadurch einen tieferen Sinn, eine neue Klarheit und Bescheidenheit in das tägliche Leben zu bringen.

Freiburg, im Januar 1995   Der Verlag

Einführung

Seit mehr als zwei Jahrtausenden streben Mönche und Nonnen aller großen Weltreligionen – des Judentums, des Christentums, des Hinduismus, des Buddhismus und des Islam – nach Vollkommenheit. Sie haben versucht, eine Lebensweise zu entwickeln, die sowohl mit ihrer Umwelt im Einklang steht als auch ihrer eigenen körperlichen und seelischen Befindlichkeit entspricht. Bis zu einem gewissen Grad ist ihnen dies auch gelungen. Wie jeder bezeugen kann, der viele klösterliche Gemeinschaften besucht hat, herrscht dort häufig eine Atmosphäre des Friedens und der Heiterkeit, die ihren Ursprung keineswegs in irgendeiner Form von Weltfremdheit hat, sondern das Ergebnis davon ist, daß die Angehörigen der betreffenden Ordensgemeinschaft ehrlich und mutig mit den tiefsten Problemen und Herausforderungen des menschlichen Lebens gerungen haben. Jeder, der sich mit Literatur über das klösterliche Leben, insbesondere mit der Geschichte des Ordenswesens befaßt hat, kann bestätigen, daß Ordensleute zu allen Zeiten nicht selten über eine tiefe, aufs Praktische gerichtete Weisheit verfügen, aus der wir alle Nutzen ziehen können.

Auch für mein Leben war, seit ich erwachsen bin, das Mönchstum Wegweisung und Ansporn. Zwar bin ich verheiratet, habe Kinder und verdiene meinen Lebensunterhalt »in der Welt«, doch ertappe ich mich immer wieder dabei, daß ich versuche, häufig unbewußt, die uralten Erkenntnisse der Klosterleute auf mein eigenes Leben anzuwenden. Als Geistlicher und Berater ermutige ich häufig andere, das gleiche zu tun, und dies mit recht erfreulichen Ergebnissen. Dieses Buch ist ganz einfach der Versuch, dieses Wissen noch weiter zu verbreiten.

Drei Gelübde, die Mönche und Nonnen ablegen, bestimmen die klösterliche Lebensweise: die Gelübde der Armut, der Keuschheit und des Gehorsams. Für Menschen, die in einer klösterlichen Gemeinschaft leben, bedeutet Armut, buchstäblich nichts zu besitzen; Keuschheit heißt, auf jede sexuelle Beziehung zu verzichten, und Gehorsam meint, ohne Murren den Willen der Gemeinschaft zu akzeptieren. Deshalb haben, oberflächlich betrachtet, diese Gelübde keine Bedeutung für Eheleute und »normale« Menschen, die »in der Welt« leben. Doch die Schriften klösterlicher Autoren machen immer wieder klar: Diese Gelübde beinhalten sehr viel tiefere, größere Wahrheiten, die auf alle Menschen und auf jeden Lebensaspekt anwendbar sind. So definiert Armut die rechte Einstellung zur gesamten materiellen Umwelt, Keuschheit bezeichnet die rechte Art und Weise, in der alle Menschen, also auch Eheleute, miteinander umgehen sollten, und Gehorsam definiert die Beziehung zwischen den Menschen und ihrem Schöpfer. Somit ist dieses Buch ein Kommentar zu diesen Gelübden, wie sie für ganz »normale«, mitten im Leben stehende Menschen anwendbar sind.

In den letzten Jahrzehnten haben zwei voneinander unabhängige, doch eng miteinander verwandte Bewegungen die moralische Haltung innerhalb der westlichen Gesellschaft zu verändern begonnen: die Bewegung der »Grünen«, der es um unsere Beziehungen zur Umwelt geht, und die holistische Bewegung, deren Anliegen die Gesundheit von Leib und Seele ist. Was aber grüne und ganzheitliche Lebensweise angeht, so waren die Ordensleute als Pioniere unserer Zeit weit voraus. Deshalb ist ihre Literatur eine wahre Fundgrube von Ideen und Einsichten, wie einzelne – oder kleine Gruppen – sich eine grüne und holistische Lebensweise zu eigen machen können. Tatsächlich lassen sich durch eine klösterliche Lebensweise viele der Auswüchse vermeiden, zu denen die beiden genannten Bewegungen neigen. Was aber noch wichtiger ist: Eine grüne und holistische Lebensweise ist für uns alle ebenso vernünftig wie praktisch.

Die Vokabel, die Mönche und Nonnen herkömmlicherweise verwenden, um ihre Lebensweise zu charakterisieren, lautet »heilig«. In den Ohren heutiger Menschen mag dieses Wort unangebracht frömmelnd, ja sogar hochtrabend klingen. Doch in Wirklichkeit hängt »heilig« mit dem deutschen Wort »heil« und dem griechischen *holos* (»ganz«) zusammen, von dem der heute so beliebte Ausdruck »holistisch« (»ganzheitlich«) abgeleitet ist. Sinn klösterlichen Lebens ist es also, den Menschen »heil«, »ganz« zu machen – sowohl in sich selbst als auch in seiner Beziehung zur Umwelt. So braucht jemand, der mitten im Leben steht, sich nicht zu genieren, wenn er sagt: »Ich möchte heilig sein«. Die einfachen Gedanken in diesem Buch sind ein zeitgemäßer Wegweiser für das, was der Prophet Jesaja *wedhérech haqqódhosch*, den »heiligen Weg« oder »Weg der Heiligkeit« nennt (Jes. 35, 8).

Wie die überlieferte Regel klösterlichen Lebens, so ist auch dieses Buch kein fortlaufender Text, den man von Anfang bis zum Ende lesen muß. Jedes einzelne Kapitel steht für sich selbst, und deshalb kann man jede einzelne Thematik auswählen, die einem besonders am Herzen liegt. In der Tat ist die Ordnung der einzelnen Themen bis zu einem gewissen Grad willkürlich und soll zum beliebigen Herausgreifen einzelner Probleme ermutigen. Doch in ihrer Gesamtheit bilden die 30 Kapitel einen umfassenden Führer zu einer heiligen Lebensweise. Der große Gründer des Jesuitenordens, Ignatius von Loyola, verlangte von den neuen Ordensbrüdern, sich 30 Tage lang zurückzuziehen – 30 Tage, in denen sie sich mit jedem Aspekt ihres bisherigen Lebens auseinandersetzen sollten, um sich auf die harten Anforderungen der christlichen Mission vorzubereiten.

Heiligkeit, wie sie in diesem Buch beschrieben wird, ist bei weitem weniger rigoros, sie ist »irdischer« als die spirituellen Hochleistungen der Jesuiten. Aber vielleicht werden Sie es als hilfreich empfinden, einen Monat lang täglich ein Kapitel zu lesen und sich zehn bis zwanzig Minuten Stille zu gönnen, um darüber nachzusinnen, inwiefern sein Inhalt auf Sie zutrifft. Am Ende jedes einzelnen Kapitels wird Ihnen eine einfache Aufgabe angeboten, die helfen soll, klösterliches Wissen in die Praxis umzusetzen. Vielleicht nehmen Ihr Ehepartner oder eine Gruppe von Freunden an dieser formlosen »Einkehr« teil. In diesem Falle könnte man sich dreimal im Laufe des Monats, und zwar am Ende eines jeden Teils, zum Gedankenaustausch treffen.

Wenn Sie am Ende bereit und willens sind, den heiligen Weg der Armut, der Keuschheit und des Gehorsams zu gehen und so mitten in der Welt Mönch oder Nonne zu sein, werden Sie, um abermals mit Jesaja zu sprechen, den »Weg der Heiligkeit« gehen.

ERSTER TEIL

ARMUT

GELD

Niemand sollte danach streben, aus seiner Arbeit persönliche Vorteile zu ziehen. Alles, was du tust, tue im Dienste
der Gemeinschaft. Du solltest auch lernen, mit mehr Eifer
und größerer Begeisterung zu arbeiten, als wenn du es
für den eigenen Nutzen tätest.   *Filippo Neri*

Der erste christliche Mönch, der heilige Antonius, erhielt
die Eingebung, sich von seinem Besitz zu trennen und in
die Wüste zu gehen, als er die Erzählung vom reichen
Jüngling im Gottesdienst hörte. Er selbst war reich und
jung, und so schienen Jesu Worte: »Gehe hin, verkaufe
deine Habe und gib den Erlös den Armen« direkt an ihn
gerichtet zu sein. In den nachfolgenden 50 Jahren gaben
auch Hunderte von Männern, die in Ägypten und
Syrien dem Heiligen in die Wüste folgten, ihren Besitz
auf. Sie hausten in Höhlen und ernährten sich von den
Wurzeln und Beeren wildwachsender Pflanzen, die sie
finden konnten. So war Jesu Aufruf zur Armut das
Gründungsmanifest klösterlichen Lebens.

Dann begann der heilige Pachomius Anfang des
4. Jahrhunderts, Gemeinschaften von Mönchen und
Nonnen zu gründen. Diese Gemeinschaften errichteten
Häuser, Küchen, Speiseräume (Refektorien), Kapellen

und sogar Bibliotheken. Verglichen mit Antonius' Einsiedlern waren diese Mönche und Nonnen recht wohlhabend. Doch alles, was sie besaßen, gehörte ihrer Gemeinschaft. Weder der einzelne Mönch noch die einzelne Nonne verfügte über Reichtümer, und so blieb es rund 1000 Jahre lang.

Im 12. und 13. Jahrhundert entstanden jedoch neue religiöse Orden. Sie verdankten Ordensgründern wie dem heiligen Franziskus von Assisi und dem heiligen Dominikus ihre Prägung, und ihre Mitglieder wanderten predigend und lehrend von Ort zu Ort. Franziskus selbst besaß nichts und glaubte dennoch, alles zu besitzen, denn seine Anteilnahme galt jeder lebenden Kreatur. Er und seine Anhänger lehrten, jeder solle die gleiche Liebe und Fürsorge für die Natur aufbringen und sich als Verwalter der Schöpfung Gottes betrachten. Sowohl Franziskus als auch Dominikus begründeten auch religiöse Gemeinschaften (sogenannte »Dritte Orden«) für Verheiratete, für die sie eigene, vereinfachte Ordensregeln schufen. Diese verlangten nicht nur tägliche Gebete und Meditationen, sondern schlossen auch eine regelmäßige Überprüfung des Wirkens der »Tertiaren« (wie die Angehörigen dieser »Dritten Orden« genannt werden) durch Gespräche mit einem Priester darüber ein, wie sie mit ihrem Besitz und ihrer Zeit umgingen. Auf diese Weise wurde der Grundsatz der klösterlichen Armut unmittelbar auf Männer und Frauen angewandt, die »in der Welt« standen.

Im Laufe der Jahre haben diese quasi-klösterlichen Gemeinschaften für Eheleute ihre Regeln immer mehr verfeinert. Das zugrundeliegende Prinzip lautet: All unsere Zeit und unser Besitz gehören Gott und dürfen nur so genutzt werden, wie er es will. Daher stellte der Priester, mit dem Einzelpersonen und Paare aus dem Kreis der Tertiaren über ihre Lebensweise sprachen, Fragen und erteilte Ratschläge, welche sicherstellen sollten, daß in jedem Bereich des Alltagslebens spirituelle und moralische Erwägungen zum Tragen kommen. Insbesondere sollten die Ratsuchenden stets versuchen, in Übereinstimmung mit den Gesetzen der Natur zu handeln, die göttliche Gesetze sind, statt den Reichtum und die Schönheit der Schöpfung zu zerstören. Hat man erst einmal eine solche Haltung erreicht, verschwindet die Gier, Reichtümer anzuhäufen, denn wie Franz von Assisi betrachteten die Ratsuchenden dann die ganze Welt als ihr Eigentum, das man einerseits genießt, andererseits aber auch liebevoll pflegt.

Unser modernes Wirtschaftsleben hat das Geld zum Maßstab für jeglichen Reichtum und für den Umgang mit der Zeit gemacht. Wir bewerten unsere Arbeit nach dem Geld, das sie uns einbringt, und daher erwarten wir, daß jeder die Tätigkeit wählt, die ihm das höchste Einkommen sichert. Unseren Lebensstandard beurteilen wir nach den Geldbeträgen, die wir dafür ausgeben, und meinen, um so glücklicher zu sein, je mehr wir konsumieren. Doch wenn wir uns erst einmal als Verwalter, nicht als Eigentümer unserer Zeit und unseres Besitzes betrachten, wird uns bewußt, wie falsch ein derartiger Maßstab ist. Zwar müssen wir selbstverständlich genug verdienen, um unsere eigenen Grundbedürfnisse und dazu auch die Bedürfnisse unserer Familien zu befriedigen. Doch Arbeit, die uns viel einbringt, kann umweltzerstörend oder sozial ungerecht sein. Ebenso tragen vielleicht unsere Konsumgewohnheiten zur Schädigung unserer Umwelt bei, und ein hoher Preis ist nicht unbedingt ein sicheres Indiz für Qualität.

Filippo Neri, der im 16. Jahrhundert eine Gemeinschaft gründete, deren Mitglieder über ganz Florenz verstreut waren, forderte von seinen Anhängern, den finanziellen Maßstab ganz und gar auf den Kopf zu stellen. Sie sollten so wenig wie möglich gegen Entgelt arbeiten, statt dessen aber um so mehr zum unmittelbaren Nutzen – sei es für sich selbst, sei es für ihre Mitmenschen. Er hatte dafür zwei Gründe: Einmal läßt sich der Wert direkter Arbeit klar einschätzen, weil er an den erzielten Ergebnissen ablesbar ist, wogegen Arbeit, die nur um des Geldes willen getan wird, den Betreffenden in das Geflecht der nationalen und internationalen Wirtschaft einbindet, deren Funktionieren durchaus nicht immer klar durchschaubar ist. Zweitens bringen unmittelbare gegenseitige Dienstleistungen in Familie und Nachbarschaft die Menschen einander in Liebe und Freundschaft näher, wogegen jemand, der nur für Geld arbeitet, vielleicht nie gewahr wird, welchen Nutzen seine Mühe hat.

Filippo Neris Vorgehen ist sehr viel radikaler, ja sogar heute noch ebenso revolutionär wie vor 400 Jahren. Heute tun wir fast alles für Geld, und viele von uns haben ungeheuer weite Wege zurückzulegen, um in ihr Büro oder in ihre Fabrik zu gelangen. Folglich kaufen wir fast alles, was wir verzehren. Sogar das Kochen ist eine aussterbende Kunst, denn wir leben mehr und mehr von vorgefertigter Aufwärmkost, und um uns zu entspannen, geben wir sehr große Summen für Vergnügungsparks, Restaurants, Hotels und alles andere aus, was zur modernen Freizeitindustrie gehört. Infolgedessen sitzen wir genau in jener moralischen Falle, die Filippo Neri voraussah. Indem wir uns ganz und gar auf die Geldwirtschaft einlassen, tragen wir auch Mitverantwortung für sämtliche Umweltschäden und soziale Ungerechtigkeiten, die aus grenzenlosem Streben nach Profit erwachsen. Freilich – als einzelne sind wir diesen Mißständen gegenüber nahezu machtlos.

Die moderne Anwendung der Regel Filippo Neris besteht darin, sowohl Arbeit als auch Konsum soweit wie möglich auf diejenigen Bereiche zu beschränken, in denen wir die Folgen überschauen können, und uns dann zu vergewissern, daß diese Folgen nicht schädlich sind. Im familiären Bereich bedeutet dies, für den unmittelbaren Eigenverbrauch zu arbeiten, das Haus selbst in Ordnung zu halten; Gemüse im eigenen Garten anzubauen und frische Zutaten in der Küche zu verwenden; wann immer möglich, zu Fuß zu gehen oder sein Fahrrad zu benutzen, was zwar zeitraubender ist, aber auch weniger kostet, als mit dem Auto zu fahren, und auch für seine Unterhaltung in der Freizeit selbst zu sorgen. Viele von uns können auf diese Weise ihre Ausgaben um ein Drittel, wenn nicht gar um die Hälfte verringern: Nicht nur, daß man auf diese Weise unmittelbar spart, sondern man fährt auch weniger umher und verringert so den höchsten Einzelposten seiner persönlichen Ausgaben.

Darüber hinaus sollten wir, wo immer sich die Gelegenheit bietet, an Ort und Stelle produzierte Waren denen vorziehen, die weite Transportwege erfordern. Wo immer es möglich ist, sollten wir uns auch vergewissern, wie man bei der Herstellung dieser Waren vorgeht, und nur von Firmen kaufen, die ihrerseits »gute Verwalter« sind. Auf diese Weise können wir als Verbraucher unmittelbaren Druck auf Hersteller ausüben, die auf uns als Konsumenten erpicht sind, sich über die Umwelt Gedanken zu machen.

Filippo Neri verlangte von seinen Anhängern, daß sie ein Zehntel ihrer Zeit wohltätigen Zwecken widmeten, indem sie entweder direkt etwas für andere taten oder ihnen von ihrem Verdienst einen entsprechenden Anteil abgaben. Auch Verheiratete können diese Regel befolgen, ihre wohltätigen Aktivitäten jedoch über ihr gesamtes Leben verteilen. Sind allerdings Kinder da, haben viele Paare weder Zeit noch Geld für andere übrig. Sie können dies aber in späteren Jahren durch großzügige Spenden ausgleichen, wenn die Kinder aus dem Haus sind, denn zu zweit lebt es sich billiger als allein. Filippo Neri erkannte auch, daß jeder von uns zeitweise auf die Großzügigkeit anderer angewiesen ist – dann nämlich, wenn wir alt oder krank sind. Statt dann die Wohltätigkeit anderer als Schlag gegen unseren Stolz zurückzuweisen, sollten wir sie gern annehmen und unseren Wohltätern als Gegenleistung die größte aller Gaben entgegenbringen: unsere Liebe und Dankbarkeit!

Wer immer als Nonne oder als Mönch »arm im Geiste« lebt, muß, rein materiell betrachtet, nicht arm sein, und wer sich dem klösterlichen Ideal der Armut verschrieben hat, kann in Wahrheit echte Reichtümer besitzen. Ein Mahl aus frischen, natürlichen Bestandteilen, insbesondere wenn sie direkt aus dem eigenen Garten stammen, schmeckt viel besser und löst viel größeres Behagen aus als das meiste, kostspielig verschandelte Essen aus dem Supermarkt. Freizeitgestaltung, die Familien und Nachbarn zusammenführt, sei es innerhalb der Wohnung, sei es an einem freien Platz im Wohn-

gebiet oder in einem größeren Saal, bringt einem mehr
ein als die ausgelassenen Vergnügungen, für die man
weite Strecken zurücklegen und viel Geld aufbringen
muß. Eine Wohnung, auf deren Gestaltung ein Paar
ebensoviel Mühe wie Phantasie verwendet hat, besitzt
sehr viel mehr Reiz als von anderen luxuriös ausgestat-
tete Appartements. Man braucht sich kaum zu wundern,
daß Klosterleute stets wegen ihrer vorzüglichen Mahlzeiten, ihrer entspannten Heiterkeit sowie ihrer schönen
Bauwerke bewundert und beneidet worden sind. Wer
auf Erden ein »guter Verwalter« ist, kann an solcher Art
von Reichtum teilhaben.

AUFGABE

Stelle für eine typische Woche einen Haushaltsplan auf
und notiere, was du gekauft hast und was es kostet. Dann
sieh nach, wie du deine Ausgaben reduzieren kannst, indem du entweder deinen Konsum einschränkst oder zu
Hause selbst einen Ersatz dafür schaffst.

ERNÄHRUNG

Iß, was die Welt als karg und reizlos ansieht, und du
wirst lernen, die Nahrung so zu genießen, wie eine
Familie es tut, die hungert.   *Brigida*

Noch vor ein paar Generationen fühlten sich Kloster-
besucher durch die strenge Kost der Klosterleute ab-
gestoßen, denn es gab dort schweres Vollkornbrot, Pell-
kartoffeln, Eintopfgerichte aus Linsen und Bohnen sowie am Ende jeder Mahlzeit rohes Obst. 2000 Jahre lang
aß jeder, der sich derartigen Luxus leisten konnte,
Weißbrot, entfernte die rauhen Außenhäute von Wurzel-
gemüsen und die dunklen Außenblätter von Kohl-
pflanzen, vermied Hülsenfrüchte, verzehrte statt dessen
aber riesige Mengen Fleisch und zog gekochte Süß-
speisen rohem Obst vor. Zu Beginn unseres Jahrhunderts machte die Kombination aus höheren Einkommen
und maschineller Lebensmittelindustrie eine derartige
Ernährungsweise auch einfachen Leuten möglich. Nur
die streng klösterlich lebenden Ordensgemeinschaften
hielten an der alten ländlichen Ernährung fest – dies
allerdings mehr aus moralischen und spirituellen als aus
diätetischen Gründen, über die man weiterhin im unkla-
ren blieb.

Heute allerdings wissen wir: Die klösterliche Ernährungsweise ist nicht nur gesünder, sondern, wenn sich der Gaumen an sie gewöhnt hat, auch schmackhafter und sättigender. Wir haben erkannt, daß wir mit zunehmender Verfeinerung unserer Lebensmittel viele der zum Leben wichtigen Bestandteile zerstören, die unser Körper braucht, so daß wir für eine ganze Reihe von Krankheiten anfällig geworden sind, die an unseren Kräften zehren. Mehr noch: Unsere Vorliebe für immer raffiniertere und süße Nahrungsmittel ist das Ergebnis einer unbewußten Selbsttäuschung, die letztlich unseren Genuß an der Nahrung verringert und uns Versuchungen aussetzt, welche schließlich Verfettung zur Folge haben. Natürlich schmeckt uns Süßes, denn schon in den urzeitlichen Wäldern, als sich unser Geschmacksempfinden entwickelte, dürften unsere Vorfahren süße Wurzeln und Beeren als bekömmlich und nahrhaft bevorzugt haben, wogegen bittere und saure Früchte sich in der Regel als giftig erwiesen. Der Geschmack zeigte also unseren Vorfahren, ob die Kost, die sie zu sich nahmen, genießbar war. Zucker und weißes Mehl sprechen unsere Vorliebe für Süßes an, doch enthalten sie wenig oder gar keine Nährstoffe – abgesehen von einer hochgradigen Kalorien-Konzentration. So stellt es sich heraus, daß wir weit mehr Kalorien zu uns nehmen, als wir benötigen, und immer mehr an Gewicht zunehmen; die weichliche Kost, die unseren Gaumen überreizt, schmälert auch unsere Fähigkeit, die subtilere Süßigkeit frischen Obstes zu genießen. Im Gegensatz dazu ist die klösterliche Kost, wie Naturwissenschaftler festgestellt haben, reich an den unterschiedlichsten Vitaminen, Mineralien und Proteinen. Ihre eher derbe als raffinierte

Beschaffenheit schützt uns vor der Versuchung übermäßigen Essens.

Zwar hat die Ernährungswissenschaft im letzten Jahrhundert enorme Fortschritte gemacht, doch ist sie noch eine junge Disziplin, die jedes Jahrzehnt zu neuen Entdeckungen führt. Deshalb übertrifft unsere Ignoranz auf diesem Gebiet den Grad unseres Wissens noch immer bei weitem. Daher ist es nicht ungefährlich, unsere Ernährungsweise ausschließlich an wissenschaftlichen Erkenntnissen zu orientieren, wie viele bekannte Ernährungswissenschaftler raten. Statt dessen sollten wir lieber versuchen, uns natürlich zu ernähren und das zu essen, woran sich unsere Vorfahren gewöhnt hatten und was sich durch lange klösterliche Erfahrung als nahrhaft erwiesen hat. Naturkost gliedert sich in drei Hauptgruppen. Die erste umfaßt Obst und Gemüse. Unsere ältesten Vorfahren ernährten sich hauptsächlich von den Früchten, die sie von Bäumen und Sträuchern pflücken sowie von süßen Wurzeln, die sie aus dem Boden ziehen konnten, und die früheste Landwirtschaft bestand einfach darin, daß man junge Bäume und Gemüsestauden rings um ein Dorf anpflanzte und sich so das Sammeln der Nahrung erleichterte. Die zweite Gruppe beinhaltet Saatkörner (beispielsweise von Weizen und Gerste) sowie Hülsenfrüchte (Bohnen und Linsen). Die Samen wildwachsender Gräser abzuernten beansprucht viel Zeit und Mühe, und der bedeutendste landwirtschaftliche Fortschritt bestand darin, daß man den Wildwuchs rodete, Samen aussäte und ein paar Monate später erntete, was man zur Nahrung benötigte. Indem man von Jahr zu Jahr die größten und saftigsten Samenkörner für die nächste Aussaat zurücklegte, entwickelte sich schließlich die heutige Vielfalt an Getreide, Gemüse und Hülsenfrüchten. Bei der dritten Gruppe handelt es sich um Fleisch. Unsere Vorfahren waren tüchtige Jäger. Dann aber begannen sie, Tiere zu zähmen und schließlich zu züchten. Fleisch sowie – in Wassernähe – Fisch waren zwar wichtige Bestandteile ihrer einfachen Ernährung, doch gab es sie kaum in großen Mengen, da die Jagd ebenso wie die Tierhaltung sehr viel Zeit erforderten. Wir können dieser Aufzählung noch die Milch hinzufügen, die seit Zehntausenden von Jahren von domestizierten Tieren gewonnen wird, desgleichen Eier, die man schon aus Nestern wegnahm, bevor man angefangen hatte, Geflügel zu züchten, und Honig, eine außerordentlich beliebte Delikatesse.

Die moderne Ernährungswissenschaft versichert uns, daß eine solche Kost all die Nährstoffe enthält, die gegenwärtig bekannt sind, ja mehr noch: Wir dürfen sicher sein, daß sie auch Nährstoffe enthält, die bisher noch nicht entdeckt wurden, denn der menschliche Körper entwickelte sich bei der natürlichen Vielfalt von Nahrungsmitteln außerordentlich gut. Unsere Aufgabe ist es, unsere Geschmacksnerven umzuerziehen, so daß wir diese einfache, ursprüngliche Kost wieder genießen und uns schmecken lassen können. Im 12. Jahrhundert verfaßte Aelred eine zu Herzen gehende Schilderung der Seelenqualen, die er erlitt, als er aus dem Palast der schottischen Könige, wo er ein hohes Amt bekleidet hatte, in das Kloster zu Rievaulx überwechselte: Das harte Bett, die rauhe Kleidung und die schwere körperliche Arbeit konnte er ertragen, aber das dunkle Brot, die dicke Linsensuppe und die zähen Kohlblätter, die es zu essen gab, ließen ihm den Hungertod als erstrebenswerte Alternative erscheinen. Doch Aelred machte die gleiche Erfahrung wie jeder andere Mönch und jede Nonne: Nach ein paar Monaten haben sich Gaumen und Magen an die neue Kost gewöhnt, so daß die natürliche Klosterspeise besser schmeckt als alles andere.

Wenn wir unsere Kost radikal umstellen und unseren Geschmackssinn umerziehen wollen, kommen wir nicht umhin zu erkennen, wie sehr wir an unsere verweichlichte, unnatürliche Ernährungsweise gewöhnt sind. Deshalb fällt uns die Umstellung von der einen Kost auf die andere ebenso schwer wie einst Aelred. Die einzige Methode, die Erfolg verspricht, besteht darin, Aelred nachzuahmen, indem wir wie er allen Versuchungen widerstehen. In Aelreds Fall hieß dies, in einem Kloster zu leben, wo ihm keine andere Wahl blieb, als sich auf natürliche Weise zu ernähren. In unserem Falle aber bedeutet dies, mit Ausnahme vielleicht einiger weniger Leckereien, alle unnatürlichen Speisen aus dem Vorratsschrank zu verbannen und die Speisekammer ausschließlich mit natürlichen Lebensmitteln aufzufüllen. Glücklicherweise erweist sich eine Einkaufsliste, die frisches Gemüse, Obst, Hülsenfrüchte und Körner umfaßt, wozu noch etwas Fleisch und Milch kommen, als erheblich billiger als all die vorgefertigten Speisen, die die meisten von uns kaufen. Deshalb wird uns schon ein Blick in die Haushaltskasse für unsere Mühen belohnen. Da natürliche Kost uns sehr viel stärker sättigt, dafür aber sehr viel weniger Kalorien enthält, werden wir außerdem feststellen, daß wir überflüssige Pfunde verlieren und von unseren Mahlzeiten doch völlig satt werden – für diejenigen unter uns, die an Übergewicht leiden, eine zusätzliche Ermutigung. Doch die größte Belohnung erfahren wir erst nach Ablauf mehrerer Wochen: Wir fühlen uns gesünder, und das Essen schmeckt immer besser.

Mönche und Nonnen haben stets auch gefastet. In extremen Fällen bedeutet dies, zu bestimmten Zeiten ganz und gar auf Essen zu verzichten. Häufiger jedoch heißt es, zur Advents- und Fastenzeit sowie jeweils am Freitag kein Fleisch zu essen und auch bei anderen Speisen maßvoller zu sein. Der Hauptzweck dieser Übungen ist rein spirituell. Der Geist soll sich meditativ nach innen richten, während ihm eine wichtige Quelle äußeren Vergnügens entzogen wird. Doch Fasten bringt auch ganz natürlichen Nutzen: Der Körper gewinnt Kraft und Energie, dies wohl, weil ihm keines der Gifte zugeführt wird, die in geringen Mengen in vielen Lebensmitteln, namentlich in tierischen Produkten, enthalten sind. Neuerdings haben viele Menschen diese altbewährten Praktiken für sich wiederentdeckt und dabei herausgefunden, daß sie weit weniger schwierig sind, als sie es sich vorgestellt hatten. Hin und wieder einen Fastentag ganz ohne Nahrung einzulegen, nutzt so manchem – allerdings sollte man unbedingt darauf achten, genug Flüssigkeit zu sich zu nehmen, wenn man diese Methode praktiziert. Sich im Advent und in der Fastenzeit ausschließlich vegetarisch zu ernähren, ist spirituell ebenso wie rein körperlich gesund für uns alle.

Schon unser Wissen über unsere Ernährung weist noch viele Lücken auf, doch die Toxikologie stellt uns vor noch größere Rätsel. Insbesondere wissen wir ganz wenig über die Schäden, die uns die zahlreichen Chemikalien zufügen, die heute bei Anbau und Verarbeitung unserer Nahrungsmittel verwendet werden. Laboruntersuchungen mögen uns zwar bestätigen, daß die betreffenden Chemikalien unbedenklich sind, doch in der Praxis ist es so gut wie unmöglich, auf lange Sicht Zusammenhänge zwischen bestimmten Chemikalien und bestimmten Krankheiten nachzuweisen. Schließlich mußten nicht weniger als vier Jahrhunderte verstreichen, bis man das Rauchen mit Lungenkrebs in Verbindung brachte, und dennoch gibt es selbst heute noch zahlreiche Raucher, so eindeutig die Beweise für einen solchen Zusammenhang auch sind. Deshalb besteht wenig Hoffnung, entsprechende Beweise gegen eine ganze Reihe chemischer Stoffe anzuführen, die in unserer Nahrung enthalten sind. Trotzdem hat man allen Grund, entsprechende Zusammenhänge zu vermuten. Deshalb sollten wir stets Nahrungsmitteln den Vorzug geben, die möglichst natürlich und ohne chemische Zusätze produziert worden sind. Nebenbei bekommt organischer Anbau auch dem Boden gut, von dem letztlich unser aller Leben abhängt, wogegen die Agrarchemie ihn zerstört.

Die heilige Brigida, die große irische Äbtissin, bestand darauf, daß ihre Nonnen ihren Appetit zügelten, um stets über reichlich Nahrung für die Armen zu verfügen, die an die Pforte ihres Klosters kamen. Heute ist die Verteilung von Nahrung nicht länger eine rein lokale, sondern eine globale Herausforderung: Ganze Länder, ja ganze Kontinente leiden an Unterernährung, andere dagegen schwelgen im Überfluß. Da die Weltwirtschaft so komplex geworden ist, hat es keine direkten Auswirkungen auf die Hungernden Afrikas, wenn wir uns beim Essen einschränken. Dennoch: Natürliche Lebensmittel, insbesondere wenn wir unseren Fleischkonsum reduzieren, bedeuten einen weitaus geringeren Zugriff auf die Ressourcen der Erde als unser bisheriger Konsum unnatürlicher Nahrung. Das Geld, das wir bei unseren wöchentlichen Einkäufen sparen, kann – wenigstens teilweise – dafür verwendet werden, den Hunger in der Welt zu lindern. Die heilige Brigida jedenfalls würde, falls sie noch lebte, dies mit Sicherheit von uns verlangen.

Aufgabe

Räume alle unnatürlichen Lebensmittel aus der Speisekammer, dem Kühlschrank und der Tiefkühltruhe – bis auf zwei oder drei Leckereien. Fülle dann die Schränke mit natürlichen Lebensmitteln wieder auf. Berechne, um welchen Betrag sich dadurch deine wöchentlichen Ausgaben verringern; die Ersparnisse kannst du entweder für wohltätige Zwecke verwenden, oder du kannst die Gelegenheit nutzen, freiwilligen Einkommensverzicht zu üben.

GARTENBAU

Der Ort im Kloster, wo man Gott am nächsten ist, ist nicht
die Kirche, sondern der Garten. Dort erfahren die Mönche
ihr größtes Glück. *Pachomius*

Für den Mönch Piran aus Cornwall war ein wohlbestell-
ter Garten das vollkommene Ebenbild des Reichs Gottes
auf Erden, verbindet sich doch in ihm unmittelbar von
Gott Erschaffenes – die Pflanzen und der Boden, auf
dem sie wachsen – mit von Gott inspirierten Schöpfun-
gen menschlicher Phantasie und Könnerschaft zu einem
Gebilde von himmlischer Schönheit. Piran selbst reiste
kreuz und quer durch Cornwall und gründete Klöster,
in denen er und seine Anhänger kunstvolle Kräuter-,
Gemüse- und Blumengärten anlegten; daher schrieb
er auch der Bewunderung, die diese Gärten in den Herzen der Bewohner Cornwalls hervorriefen, eine wichtige
Rolle bei ihrer Bekehrung zum Christentum zu.

Damit war Piran Pionier einer klösterlichen Tradition,
die sich 16 Jahrhunderte lang bis auf den heutigen Tag
erhalten hat. Der heilige Benedikt erklärte die Gartenarbeit zu einem festen Bestandteil des täglichen Arbeits-
pensums für Ordensleute, und ab dem 7. und 8. Jahrhundert tauschten Benediktinerklöster überall in Europa

Kräuter- und Gemüsesamen aus und führten so in ihrer Gegend neue Arten ein. Im Mittelalter waren die Benediktiner wegen ihrer herrlichen Kräutergärten berühmt, die in kunstvollen Mustern angelegt und oft von hohen Mauern umgeben waren, weshalb an heißen Sommernachmittagen über ihnen ein geradezu betäubender Duft lag. Teils verwendete man die duftenden Kräuter, um die Speisen zu würzen; hauptsächlich dienten sie aber medizinischen Zwecken, so daß viele Klöster die Funktion von »Kräuterapotheken« hatten und die in nächster Umgebung wohnende Bevölkerung mit pflanzlichen Medikamenten versorgen konnten. Vor allem aber betonte Benedikt den Wert der Arbeit, die man beim Anbau von Gemüse und Kräutern leistete. Nach seiner Überzeugung war einfache körperliche Arbeit für das leibliche und spirituelle Wohlbefinden der Klosterleute enorm wichtig. Angehörige des Benediktinerordens sind bis zum heutigen Tage der Meinung: Eine Hacke oder eine Forke über ein Gemüsebeet zu schwingen, ist die ideale Tätigkeit, um einen kräftigen Rücken und gelenkige Glieder zu behalten.

Die Klosterleute früherer Jahrhunderte bedienten sich natürlicher Anbaumethoden – sie hatten schließlich auch keine andere Wahl. Wie seinerzeit alle Bauern, verwendeten sie den Mist ihrer Tiere und den Kot aus ihren Latrinen als Dünger und jäteten das Unkraut mit den Händen. Auch heute noch sind die meisten Klöster bei ihren organischen Methoden geblieben, obwohl die Bauern in der Mehrzahl zur chemischen Düngung übergegangen sind und landwirtschaftliche Maschinen verwenden. Noch immer gehören zum klösterlichen Gartenbau große Kompostgruben, wo die Klosterleute alle natürlichen Abfälle sammeln. Ihr einziges Zugeständnis an die moderne Technik ist vielleicht ein kleiner Traktor mit Anhänger, um im Herbst Dünger und Kompost in den Garten zu befördern, ohne sich das Rückgrat zu brechen. So ist ein Klostergarten nicht nur voller Reiz, sondern auch ein Abbild der Heiligkeit, denn sein Anbau entspricht den Gesetzen der Natur, und die sind göttlichen Ursprungs.

Es mag sein, daß Besucher den Eindruck gewinnen, typische Klostergärten seien recht groß. Doch angesichts der Zahl der Klosterbewohner sind diese Gärten sogar ziemlich klein. Möglich ist dies, weil bei Erhaltung der Fruchtbarkeit des Bodens und bei sinnvollem Gemüseanbau wenige Quadratmeter genügen, um die Bedürfnisse des einzelnen zu befriedigen. Damit ist es auch möglich, daß fast alle von uns, so bescheiden die Mittel auch sein mögen, sich mit der gesamten Palette von Gemüsen und frischen Gewürzpflanzen für den täglichen Bedarf versorgen, ja sich sogar mit Heilpflanzen für die häufigsten Krankheiten versehen. Wer also das Glück hat, wie die Klosterbewohner über einen eigenen Garten zu verfügen, braucht nur durch die Hintertür in den Garten zu gehen, um frische Möhren zu ernten oder Kartoffeln auszugraben. In vielen kleinen oder größeren Städten dagegen gibt es kleine Landparzellen zu pachten, wo man Gemüse anbauen kann, oder man kann einen Garten übernehmen, dessen Eigentümer ihn als Belastung empfindet. Schließlich kann jeder einzelne von uns seine Fenster mit Blumenkästen bestücken, in denen es möglich ist, eine Vielzahl von Kräutern zu ziehen.

Die Erfahrungen vieler Jahrhunderte führten dazu, daß sich in Klöstern ganz bestimmte Vorstellungen von den Werkzeugen entwickelten, die bei der Gartenarbeit verwendet werden sollten. Generell gibt es zwei Methoden, den Boden zu lockern: das Umgraben mit Spaten oder Forke, wobei die nach unten wirkende Kraft vom Fuß ausgeht, oder das Erdreich aufzuhacken, wobei beim Schwingen der Hacke die Kraft vom ganzen Körper erzeugt wird. Die meisten Gärtner bedienen sich heute des Spatens oder der Forke, Mönche ziehen in der Regel jedoch die Hacke vor. Beim Graben preßt man die Rückenwirbel zusammen, so daß die Wahrscheinlichkeit sehr viel größer ist, daß es zu Schäden der Wirbelsäule kommt, wogegen man beim Schwingen der Hacke nicht nur die Wirbelsäule streckt, sondern auch die Rückenmuskeln kräftigt, so daß die Gefahr einer Rückgratschädigung sehr viel geringer ist. Das Ergebnis: Rückgratschäden sind in Klöstern ziemlich selten.

Klosterleuten werden in der Regel zwei Stunden Handarbeit pro Tag abverlangt, und dies ist weitaus mehr, als ein Garten braucht, um instand gehalten zu werden. Also legen sie auch Blumenbeete an, bepflanzen Obstgärten mit Apfel- und Pflaumenbäumen und kümmern sich um die Waldungen, die zum Kloster gehören. Die meisten von uns Städtern sind durch ihre berufliche Tätigkeit gefordert und können nicht einmal die Hälfte dieser Zeit für körperliche Arbeit erübrigen; doch selbst bei diesen Lebensbedingungen bliebe nach dem Besorgen der Kräuter- oder Gemüsebeete noch viel Zeit, um uns ein wenig um unsere nähere Umgebung zu kümmern. Friedhöfe, Grabstätten, Ufergelände an Wasserläufen, Wälder, Spielplätze und Schulhöfe sind Betätigungsfelder, die oft aus Mangel an Pflege verkommen und unansehnlich werden. Daher könnten wir an

Wochenenden und an Sommerabenden unsere freiwilligen Dienste anbieten, um sie in voller Schönheit wiederherzustellen. In einer klösterlichen Gemeinschaft gibt es kaum einen schöneren Anblick als ein kleines Heer von Mönchen oder Nonnen mit hochgeschürztem Gewand und Hacken oder Schaufeln über den Schultern, die hinaus auf die Felder ziehen. Auch wir können ähnliche »heilige Scharen« bilden, indem wir achtlos Weggeworfenes beseitigen und uns in unserer Nachbarschaft um die dort wachsenden Bäume, Sträucher und Blumen kümmern.

AUFGABE

Überschlage, wieviel Zeit du jede Woche durchschnittlich im Freien mit körperlicher Arbeit verbringst. Wenn es weniger als sechs Stunden sind – das entspricht einer Stunde pro Werktag –, dann überlege, ob es noch andere Möglichkeiten gibt, Handarbeit zu verrichten, und wie du dir die Zeit dafür nehmen kannst.

KOCHEN

Die Töpfe und Pfannen in der Küche sollten mit der
gleichen Ehrfurcht behandelt werden wie die heiligen
Gefäße des Altars.   *Benedikt*

In der Küche des im 5. Jahrhundert von der heiligen
Brigida in Irland gegründeten Klosters brannte stets
ein Feuer. Es symbolisierte die Flamme des Heiligen
Geistes, die Pfingsten über die Apostel kam und mit
gleicher Strahlungskraft im Herzen jedes Klosters bren-
nen sollte. Doch diente es auch einem praktischen
Zweck. Über dem Feuer hing ein mächtiger Kessel, in
dem Hülsenfrüchte, Wurzelgemüse und Getreidekörner sanft vor sich hinsotten. Abend für Abend aßen die
Mönche und Nonnen aus diesem Kessel, und er ver-
sorgte auch jeden Fremden mit einer warmen Mahlzeit,
ganz gleich, zu welcher Tages- oder Nachtzeit er an
die Klosterpforte klopfte. Mehr noch – die Mönche und
Nonnen brauchten nur ein Minimum an Zeit für die Zubereitung des Essens. Jeden Morgen mußten sie lediglich den Kessel mit neuen Hülsenfrüchten, Körnern,
Gemüse und Wasser auffüllen, so daß ihnen ausgiebig
Zeit blieb, sich um die Kranken und Notleidenden zu
kümmern.

Ursprünglich war der Körper des Menschen, wie auch aller übrigen Geschöpfe, zur Aufnahme roher Nahrung beschaffen. Unser Verdauungssystem ist also sehr viel widerstandsfähiger und sehr viel besser zur Aufnahme von Nährstoffen aus Rohkost geeignet, als man allgemein annimmt. Deshalb kam in Brigidas Kloster nicht nur der Eintopf aus dem Kessel auf den Tisch, sondern auch viel rohes Obst und Blattgemüse sowie, an Festtagen, rohes Fleisch. Es läßt sich nicht vermeiden, daß beim Kochen einige der Nährstoffe zerstört werden. Dies gilt besonders für Obst und Frischgemüse. Deshalb sollten wir auch heute Obst und zarte Blattpflanzen, wie beispielsweise Salat, roh essen und andere Frischgemüse nur so lange kochen, wie unbedingt nötig ist, um ihnen die erforderliche Weichheit zu geben. Doch die Erfindung des Kochens, die wohl 20000 Jahre zurückliegt, erweiterte das Spektrum der Speisen, welche die Menschen zu sich nehmen konnten, um ein Vielfaches. Insbesondere konnte nun die ganze Palette der Körner- und Hülsenfrüchte in Wasser erhitzt werden, was ihren Geschmack und ihre Bekömmlichkeit verbesserte.

Brigidas Methode, die Speisen zu kochen, entsprach der Vorgehensweise, die man während des Mittelalters überall in Europa anwandte. In jedem typischen Bauernhaus hing ein stets siedender Kessel über dem Feuer, außerdem lag am Rande jeder Feuerstelle ein flacher Stein – eine Steinplatte, auf der man Teig aus Roggen und Weizen zu rohen Brotfladen ausrollen konnte. In reicheren Haushalten hing zudem ein Spieß über dem Feuer, oder ein Metallgefäß stand daneben, um Fleisch zu braten. In heutiger Terminologie könnte man diese drei Kochweisen im Unterschied zur »Leitung« als

»Strahlung« bezeichnen, welche die Nährstoffe erhält. »Leitung« findet statt, wenn die Nahrung unmittelbaren Kontakt zu einer Wärmequelle hat – beispielsweise beim Kochen und Dünsten in heißem Wasser oder Öl. Das Ergebnis ist: Viel von der Kraft der Nährstoffe geht in heißem Wasser oder Öl verloren. Von »Strahlung« dagegen spricht man im Gegensatz dazu, wenn die Hitze der Nahrung unmittelbar zugeführt wird, so beim Bakken, Rösten und Dämpfen. Zwar werden auch dabei einige Nährstoffe zerstört, aber der größte Teil der wertvollen Stoffe bleibt erhalten.

Heutzutage kochen wir natürlich nicht mehr auf offenen Feuerstellen. Doch auch in einer modernen Küche ist es durchaus möglich, es der heiligen Brigida gleichzutun. Brot läßt sich im heißen Ofen backen, Hülsenfrüchte und Getreidekörner können langsam im nur mäßig warmen Ofen gar sieden, Fleisch läßt sich in der optimalen Übergangsphase zwischen Wärme und Hitze braten, in der die Temperatur 85° C nicht übersteigt, und Gemüse kann man im Ofen dämpfen oder backen. Leider sind Elektroherde nicht nur teuer in der Anschaffung, sondern, wenn man nicht größere Mengen zuzubereiten hat, auch teuer im Betrieb. Billiger ist das Dämpfen von Hülsenfrüchten und Gemüsen in einem Elektrokochtopf auf kleiner Flamme.

Für die meisten, die zum Kochen natürliche, rohe Zutaten verwenden wollen, ist das größte Problem die Zeit. An Rezepten für eine gesunde Küche fehlt es nicht, doch sie sehen mindestens ein bis zwei Stunden für die Zubereitung vor – mehr als jemand erübrigen kann, der durch seinen Beruf sehr in Anspruch genommen ist oder dem kleine Kinder an den Schürzenzipfeln hängen. Deshalb bleiben diese Leute bei bereits vorgefertigten Speisen, auch wenn sie an sich lieber Frischkost verwenden würden. Doch die Klosterküche der heiligen Brigida erfordert nicht viel Zeit. Man braucht für sie nicht mehr Zeit als für die Zubereitung vorgefertigter Nahrung. Das einzige, was sie voraussetzt, ist ein gewisses Maß an Planung. Hülsen- und Körnerfrüchte sind die denkbar bequemsten Gerichte, die die Natur zu bieten hat, denn man braucht nur Wasser hinzuzufügen, etwas Salz, Kräuter und Öl, um den Geschmack zu verfeinern – und sechs Stunden später ist ein schmackhafter Eintopf fertig. Wie in einer typisch klösterlichen Speisekammer sollten auch wir uns eine Reihe großer Vorratsgefäße hinstellen, die verschiedene Sorten Hülsenfrüchte und Körner enthalten: Linsen, gelbe Bohnen, weiße Bohnen, Markerbsen, Weizen- und Gerstenkörner, Reis – die Auswahl ist groß. Am Abend oder am frühen Morgen gebe man zwei Sorten Hülsenfrüchte und Getreide in den Kochtopf. Man füge eine oder zwei Sorten Kräuter sowie genug Salz und Öl hinzu, um den Geschmack zu verfeinern, fülle das Ganze mit reichlich Wasser auf und stelle das Gericht in den warmen Ofen oder bei kleiner Flamme auf den Herd. Wann dann die Mahlzeit eingenommen wird, spielt keine Rolle, denn der Eintopf wird nach vier oder fünf Stunden fertig sein und mindestens 24 Stunden lang schmackhaft bleiben. Die Erfahrung wird lehren, wieviel Wasser, Öl und Salz man am besten verwendet – doch es ist empfehlenswert, davon etwas mehr zu nehmen, denn derartige Gerichte werden oft dadurch verdorben, daß man sie zu trocken oder zu lasch zubereitet. Die beste und rascheste Methode, Gemüse zu kochen, besteht wohl darin, das Gemüse kleinzuschneiden, doch vorher so wenig wie möglich zu waschen oder zu schälen, und es dann mit ein wenig Wasser im heißen Ofen zu garen.

Wie wir Nahrung produzieren, zubereiten und auftragen, ist von fundamentaler Bedeutung für unsere Beziehung zur Natur, zueinander und zu Gott. Landwirtschaftlicher Raubbau stellt eine der massivsten Bedrohungen für die natürliche Ordnung unseres Planeten dar, denn er führt zum Aussterben von Pflanzen und Tieren und zur Erosion des Bodens. Folglich ist der Verzehr von Nahrung, von der wir wissen, daß sie aus natürlichem Anbau stammt, ein kleiner Beitrag zur Erhaltung unseres Planeten; wenn sich nur genügend Menschen anschließen, werden die Bauern gezwungen, wieder auf natürliche Anbaumethoden zurückzugreifen. Die mehr und mehr um sich greifende Unsitte des »Grasens«, die darin besteht, daß Familienmitglieder einfach in die Küche gehen, sobald ihnen danach ist, um vorgefertigte Speisen aufzuwärmen und dann vor dem Fernseher in sich hineinzuschlingen, ist eine Bedrohung für den Zusammenhalt der Familie. Seit vielen Jahrhunderten ist das Abendessen, das mit Liebe zubereitet und gemeinsam gegessen wurde, das zentrale Ereignis des Tages gewesen, das Eltern und Kinder, Brüder und Schwestern, Mann und Frau zusammenführte. Sie genossen es, zusammen zu sein, erzählten einander, was sie tagsüber erlebt hatten, und tauschten Erfahrungen aus. Unser Wohlstand, der dazu geführt hat, daß wir die Gabe der Nahrung für gesichert halten, ist in spiritueller Hinsicht eine Bedrohung, beinhaltet er für uns doch die Versuchung, Gottes Fürsorge für uns zu ignorieren; und daß die Sitte immer mehr in Vergessenheit gerät, vor den

Mahlzeiten ein Tischgebet zu sprechen, deutet darauf hin, daß wir dieser Versuchung erliegen.

Nach Ansicht des heiligen Benedikt sollte jede Mahlzeit ein Akt der Gottesverehrung sein, bei dem wir Gott für die Speisen und gleichzeitig auch für alle anderen Wohltaten danken, die wir von ihm empfangen, und um Stärkung bitten, damit wir ihm dienen können. Wenn wir zu Hause in einer Atmosphäre der Liebe gute und gesunde Nahrung zu uns nehmen und die Sitte des Tischgebetes wiederbeleben, und sei es nur für einige Augenblicke des Schweigens, dann wird, nach Benedikts Worten, jedes Mahl zu einer »heiligen Kommunion« – einer Vereinigung von Natur, Mensch und Gott.

AUFGABE

Erfinde oder finde ein Dankgebet, das du zu jeder Mahlzeit sprechen kannst – oder suche dir ein überliefertes Dankgebet, das dir passend erscheint. Sprich dieses Dankgebet dann mindestens einmal in der Woche, besonders wenn du gemeinsam mit deiner Familie oder mit Freunden ißt. Ein geeignetes Gebet dieser Art stammt vom heiligen Patrick, dem Apostel Irlands: »Segne diese Speise uns zum Nutzen und uns für Deinen Dienst. Amen.«

Wohnung

Die Schönheit unserer gemeinsamen Wohnung sollte
die Schönheit der Liebe widerspiegeln, die sie in ihren
Wänden birgt.   *Theresa*

Mönche und Nonnen strebten zwar nach Einfachheit
und Armut, und doch errichteten sie einige der schönsten und kunstvollsten Bauwerke der Welt. Die meisten
Kathedralen Europas sind klösterlichen Ursprungs, und
wo die Kreuzgänge, Dormitorien (Schlafräume), Refektorien (Speisesäle) und andere Gebäude der ursprüng-
lichen Klosteranlage, die sich um eine große Kathedrale
gruppierten, noch erhalten sind, vermitteln sie uns den
Eindruck des nahezu vollkommensten Umfelds, das
Menschen je für ihre Wohnzwecke schufen.

Lassen wir unsere Blicke dann auch auf außereuropäi-
sche Traditionen schweifen, sehen wir, daß auch dort
Baumeister geniale Leistungen vollbrachten: Die buddhistischen Klöster Südostasiens und die Moscheen der
islamischen Sufi-Bewegung im Mittleren Osten sind nicht
weniger atemberaubend als Chartres oder Fontenay.

Die Auflösung des Widerspruchs zwischen strenger
Kargheit und erhabener Schönheit findet sich in der
klösterlichen Baukunst selbst. Das prächtigste und ehr-

furchtgebietendste Kloster ist zugleich ein Ort der Ruhe, als hätte in den Steinen und im Mörtel dieses Bauwerkes eine ideale Synthese von Göttlichem und Menschlichem stattgefunden. Wenn man die Gestaltung von Klosterbauten einer genaueren Betrachtung unterzieht, fällt auch auf, wie harmonisch sie sich in ihr Umfeld einfügen, sich entweder den natürlichen Konturen des Landes anpassen oder an zerklüftete Felshänge schmiegen, wobei größtenteils Materialien aus der unmittelbaren Umgebung verwendet wurden – als ob Gott selbst sie dort errichtet hätte, als er die Welt schuf. So wohnen die Klosterleute in ihren herrlichen Bauwerken als »Arme im Geiste« – dies in dem Sinne, daß ihre Bauten nicht wider die Natur sind, sondern deren Schönheit eher noch betonen und so ihre Bewohner in den denkbar engsten Einklang mit ihr bringen.

Doch mehr noch: In einem platten ökonomischen Sinne sind Bauwerke von derartiger Qualität auch billig. Die Kosten jedes wahrhaft guten Gebäudes hängen nicht nur von den Ressourcen ab, die man beim Bau verwendet, sondern auch von seiner Haltbarkeit und Dauer. Je länger ein Gebäude Bestand hat, als desto billiger erweist es sich, da seine Baukosten sich über einen viel längeren Zeitraum verteilen. So betrachtet, stellen unsere alten Klosterbauten, zu deren Errichtung ganze Heere von Maurern und Zimmerleuten erforderlich waren, auf Dauer eine außerordentlich geringe finanzielle Belastung dar.

Wir sollten heute die gleiche Liebe zu architektonischer Schönheit entfalten und die gleiche Rechnung anstellen. Man könnte leicht annehmen, daß jeder Mönch, der »in der Welt lebt« und sich dem Ideal der Armut und

Schlichtheit verschrieben hat, nur über eine bescheidene Behausung verfügen und sich mit dürftigem Mobiliar zufriedengeben sollte. Doch groteskerweise verursachen gerade die schäbigsten Gebäude mit schlecht isolierten, feuchten, ja baufälligen Wänden die höchsten Heizkosten, und da derartige Bauwerke allenfalls ein paar Jahrzehnte überdauern, sind sie doch, was Material und Arbeitskraft angeht, außerordentlich verschwenderisch angelegt. Doch schlimmer noch: Häßlichkeit zehrt an den Kräften der Psyche und nimmt dem Menschen seine natürliche Lebensfreude. Deshalb ermutigen ärmliche Bauwerke nicht dazu, das Ideal der heiligen »Armut im Geiste« zu verwirklichen. Statt dessen sollten wir lieber großzügig Geld und Mühe darauf verwenden, uns eine schöne, solide Wohnstätte zu verschaffen, die mit haltbaren, auch in der Formgebung qualitätvollen Möbeln ausgestattet ist, und uns bewußt sein, daß wir so nicht zur Verschwendung, sondern zur Erhaltung der Ressourcen unserer Erde beitragen.

In der Praxis sieht es freilich so aus, daß die meisten von uns darauf angewiesen sind, sich von anderen erbaute Wohnungen zu kaufen oder zu mieten, so daß wir in der Regel keinen unmittelbaren Einfluß auf deren Bau haben. Doch wir haben es in der Hand, den Typ des Hauses zu bestimmen, das wir kaufen, und wenn genug von uns die rechte Wahl getroffen haben, werden die Architekten gezwungen sein, unsere Wünsche zur Kenntnis zu nehmen. Heute sollte der wichtigste Gesichtspunkt die richtige Energienutzung sein, denn Energieverschwendung ist eine der größten Bedrohungen unseres Planeten.

Also sollten wir prüfen, ob unser Haus gut isoliert ist

und daß die Hauptwohnräume nach Süden liegen, damit die Sonnenwärme Heizkosten sparen hilft. Weiterhin sollten wir auf eine dauerhafte Bauweise achten, so daß das Haus – wenn es schon nicht die Dauerhaftigkeit einer Kathedrale erreicht – doch immerhin fünf oder gar zehn Generationen willkommen heißen kann.

Wie die Klosterleute sollten auch wir darauf achten, daß unser Heim unseren Augen – und damit unseren Herzen – wohltut. Verblendet von ihren technischen Möglichkeiten, ist die westliche Welt im Laufe der letzten Jahrzehnte von überlieferten Baustilen abgekommen und hat ganz neue Formen des Wohnens geschaffen, für die das Appartement in einem vielgeschossigen Wohnblock das extremste Beispiel ist. Der Fehler, der zu dieser bedauerlichen Entwicklung führte, bestand in der Vorstellung, unsere Generation verstehe mehr von Schönheit und Komfort als alle Generationen zuvor. In Wirklichkeit aber war gute Architektur stets traditionsgebunden, ja sogar nostalgisch, indem sie immer wieder alte Stilformen übernahm und neuen Bedürfnissen anpaßte. Sogar die Erbauer der großartigen Kathedralen und Abteien des Mittelalters bedienten sich aus freien Stücken klassischer Bauweisen und Stilformen, und die Architektur des 19. Jahrhunderts, insbesondere der sogenannten »Gründerzeit«, die wir endlich wieder zu schätzen lernen, griff ständig auf mittelalterliche Stilformen zurück. In der Welt lebende Mönche brauchen sich nicht zu schämen, in einem malerischen alten Bauernhaus oder einem modernen Haus zu wohnen, das überlieferten Standards entspricht.

Ordensregeln sowie geistliche Führer für Ordensleute betonen immer wieder die Notwendigkeit, das Kloster sauber und ordentlich zu halten, und Besucher waren stets – ganz gleich in welchem Jahrhundert – von der Sauberkeit beeindruckt, die in den Klöstern herrschte. Dennoch brachten Mönche und Nonnen niemals viel Zeit mit der täglichen Hausarbeit zu, und keine Ordensregel führt tägliches Putzen als Teil der klösterlichen Alltagsroutine auf. Der Grund ist vielmehr, daß Klöster sehr einfach, ja sogar kärglich möbliert sind, so daß die Reinigung der einzelnen Räume nicht viel Zeit in Anspruch nimmt. Im Gegensatz dazu sind die meisten modernen Wohnungen mit Mobiliar vollgestopft, wovon ein großer Teil kaum eine Funktion hat. Jedes Brett, jeder Kaminsims ist voller Kram, und zahllose Schränke sind mit Gebrauchsgegenständen, Geräten und den verschiedenartigsten Dingen gefüllt, die sich im Laufe der Jahre angesammelt haben und größtenteils nie mehr verwendet werden. So wird die Hausarbeit äußerst mühselig und kompliziert und nimmt pro Woche viele Stunden in Anspruch.

Die Lösung des Problems besteht darin, jedes Jahr seinen Haushalt durchzugehen, jedes Möbelstück, jedes Gerät, jedes Kleidungsstück und jeden Gegenstand in einem Raum daraufhin zu prüfen, ob er während der vergangenen zwölf Monate verwendet wurde. Wenn nicht, verschenke man ihn entweder oder werfe ihn weg. Anfangs wird es zwar zu inneren Kämpfen führen, sich von alten Stücken zu trennen, selbst wenn man sie nicht mehr braucht und auch keine besondere gefühlsmäßige Bindung zu ihnen hat, denn zur heutigen Kultur gehören Habsucht und Besitzstreben. Doch hat man sich erst einmal all der überflüssigen Dinge entledigt, welche die Wohnung belasten, entsteht ein Gefühl der Freiheit, als ob man eine schwere Bürde abgeworfen hätte. Die Zeit, die man mit Hausarbeit verbringt, wird auf maximal ein paar Stunden pro Woche reduziert. Ein Kaminsims zum Beispiel, zu dessen Reinigung man bisher fünf Minuten benötigte, weil auf ihm aller nur erdenkliche Krimskrams herumstand, ist nun in fünf Sekunden sauber. Ein Fußboden, der bisher – als ein wahrer Dschungel von Möbelfüßen – für das Staubsaugen 20 Minuten benötigte, ist nun maximal in zwei bis drei Minuten sauber. Doch mehr noch: Ein Zimmer, das nur ein paar Möbelstücke und wenigen Zierat enthält (aber alles von bester Qualität), schenkt uns weit mehr Ruhe, wenn wir uns in ihm aufhalten, als die Trödelläden, in denen die meisten von uns hausen.

Aufgabe

Wirf einen Blick auf sämtliche Regale und in alle Schränke deiner Wohnung und entferne alles, was weder brauchbar ist noch einen echten Gefühlswert besitzt. Wenn ein Gebrauchsgegenstand oder irgendein Gerät während des letzten Jahres nicht verwendet wurde, wirf es fort. Beobachte, wie viel leichter und schneller sich deine Wohnung nun sauber und ordentlich halten läßt. Verschenke alles, was du selbst nicht mehr brauchen kannst, an Bedürftige oder Wohlfahrtsverbände, falls diese Verwendung dafür haben.

ARBEIT

Jeder Mönch muß an der täglichen Mühe teilhaben
und Handarbeit leisten. Da Faulheit die Mutter von
Geschwätz und Streit ist, müssen alle so hart arbeiten,
daß sie einander nur noch lieben wollen. Sie sollten
den Boden mit Breithauen und Schaufeln lockern,
Hacken schwingen, um Unkraut zu jäten, Äxte, um
Holz zu spalten, und sich selbst aus eigener Arbeit
mit allem Nötigen versehen.   *David*

In einem traditionellen Benediktinerkloster tun Mönche
und Nonnen mindestens alle anderthalb Stunden etwas
anderes. Dies bewahrt sie davor, sich bei einer einzigen,
monotonen Arbeit zu langweilen. Es gewährleistet
gleichzeitig, daß sie im Laufe eines Tages vielfältige Begabungen und Fähigkeiten sowohl auf körperlichem als
auch auf geistigem Gebiet ausüben. So kann der Mönch
an einem typischen Morgen nach Herzenslust im Chor
der Klosterkapelle singen, den Gemüsegarten umgraben, ein tiefschürfendes philosophisches Werk studieren
und eine Gruppe von Besuchern empfangen. Nach einem kräftigen Mahl sowie einer kurzen Mittagsruhe un-
terrichtet er vielleicht eine Gruppe von Novizen, hilft bei
der Zubereitung des Abendessens und treibt die Kühe

zum Melken in den Stall, um schließlich in der Kapelle weitere Hymnen und Psalmen zu singen. Es verwundert also nicht, daß Mönche und Nonnen stets für ihre fröhlichen Gesichter, ihre blühende Gesundheit und ihr verblüffend hohes Alter bekannt waren.

Die Vielfalt der Tätigkeiten, die Ordensleute zu verrichten haben, ist ein natürlicher Bestandteil des menschlichen Lebens. Unsere Vorfahren, die in Wäldern lebten, mußten wilde Tiere jagen, wilde Beeren und Gemüse sammeln, ihre Hütten reparieren, die aus Grasgeflecht mit Lehmbewurf bestanden, Werkzeuge und Waffen herstellen und Bäume fällen, um Brennholz zu haben. Zwar handelte es sich in all diesen Fällen um körperliche Arbeit, doch sie erforderte ein hohes Maß an Intelligenz und Geschicklichkeit. Allerdings verwandten sie keineswegs ihre gesamte Zeit und Energie darauf, sondern fanden noch genügend Muße, um mit ihren Kindern zu spielen, einander Geschichten zu erzählen, Feste zu feiern, bei denen getanzt und gesungen wurde, ja sogar, ihre Körper und die Wände ihrer Höhlen zu bemalen. Auch sie konnten nur in seltenen Fällen mehr als 90 Minuten mit einer einzigen Tätigkeit zubringen, und deshalb waren jeden Tag all ihre Begabungen und Fähigkeiten voll in Anspruch genommen.

Heute verlangt man von uns, pro Tag sieben oder acht Stunden lang die gleiche Tätigkeit auszuüben, und dies fünfmal in der Woche. Tatsächlich beherrscht uns unser Beruf dermaßen, daß wir dazu neigen, uns durch ihn zu definieren, wenn wir uns jemandem vorstellen. Im heutigen Berufsleben wird die Mehrzahl aller Tätigkeiten zudem im Sitzen ausgeübt. Fast ausschließlich wird unser logisches Denkvermögen beansprucht. Demgegenüber lassen wir unseren Körper verkümmern und unsere Intuition und Phantasie brachliegen.

Solange wir jung sind, können wir ganz gut damit leben. Unser Körper bewahrt dann noch viel von der Kraft und Elastizität der Kindheit, auch wenn wir ihn keineswegs fordern. Das finanzielle Entgelt erscheint uns, in Verbindung mit der Hoffnung auf beruflichen (und damit gesellschaftlichen) Aufstieg, als angemessener Ausgleich für die Monotonie vieler Berufe. Darüber hinaus verfügen wir noch über reichlich Energie, um die Abende und die Wochenenden zu genießen. Doch im Laufe der Jahre fühlen wir uns zunehmend frustriert und unzufrieden. Zwar arbeiten wir, was die Zahl der täglichen Arbeitsstunden angeht, sehr viel weniger als unsere Vorfahren, doch fühlen wir uns am Abend und am Wochenende aufs äußerste erschöpft, weil der Teil unserer Persönlichkeit, den unser Beruf in Anspruch nimmt, über seine von der Natur gesetzte Grenze hinaus belastet wird. Gleichzeitig stellen wir fest, daß wir neue Aktivitäten und Herausforderungen sehr viel attraktiver finden – dies, weil wir wissen, daß unsere Erschöpfung wie eine Last von uns abfiele, wenn andere Talente, andere Fähigkeiten in uns angesprochen würden. Die Midlife-crisis, die so viele von uns durchmachen, stellt sich ein, sobald unsere Augen bewußt den goldenen Käfig wahrnehmen, den wir uns selbst geschaffen haben – und wie Tiere in den Zoologischen Gärten wehren wir uns dann voller zorniger Verzweiflung mit Gebrüll.

Anfangs scheinen die Stäbe des Käfigs unüberwindlich dick und stark zu sein und nehmen uns jegliche Hoffnung auf ein Entkommen. Außerdem fühlen wir uns möglicherweise dermaßen abhängig von der Bequemlichkeit und Sicherheit unseres Käfigs, daß wir keinerlei Änderung wagen. Doch ein Mönch in der Welt zu sein verlangt von uns nicht, gewaltsam auszubrechen oder auf jede Bequemlichkeit zu verzichten. Befindet sich doch der »Käfig« zum größten Teil in unseren Köpfen: Er besteht in der Vorstellung (und dies ist eine Vorstellung, die von der Gesellschaft geprägt wurde, in der wir leben), daß »Arbeit« heißt, einen einzigen Beruf auszuüben, für den wir bezahlt werden und mit dem wir uns identifizieren. Sobald wir erst einmal diese Vorstellung hinterfragen, weitet sich der Käfig und dehnt sich immer mehr aus, bis er nichts mehr ist als eine lockere Umzäunung rings um ein weites Feld, das uns reichlich Raum läßt, all unsere Fähigkeiten zu entfalten.

Wir müssen einfach die Zahl der Arbeitsstunden herabsetzen, die wir unserem Hauptberuf opfern. Auf den ersten Blick hat diese Aussicht etwas Beunruhigendes, weil es eine Minderung unseres Einkommens zur Folge hat und auch unsere Aufstiegschancen geringer werden. Doch in Wirklichkeit ist die Kürzung unseres Einkommens geringer, als die bloßen Zahlen vermuten lassen. Vielleicht sind wir weniger unterwegs, wenn wir die Zahl unserer Arbeitstage herabsetzen können, wodurch wir erheblich Benzin und Fahrgeld sparen. Wenn wir erst einmal innerlich entspannter und seelisch ausgefüllter sind, steht uns weniger der Sinn nach Luxusgütern, die wir ja hauptsächlich deshalb kaufen, um unsere Unzufriedenheit zu beschwichtigen. Was unsere Aufstiegschancen angeht, sind Arbeitgeber nicht selten der Ansicht, daß Teilzeitkräfte produktiver und effektiver arbeiten als Vollzeitbeschäftigte, weil sie mehr Energie entfalten und größere Begeisterung entwickeln. Je mehr von uns den Schritt tun, ihre Arbeitszeit zu verkürzen, desto mehr Firmen werden erkennen, welchen Vorteil es hat, Teilzeitarbeit anzuregen und zu fördern.

Hat man erst einmal diesen ersten Schritt getan, stehen einem nicht nur Tag für Tag mehr Stunden für andere Tätigkeiten zur Verfügung, sondern auch die Last der ständigen Erschöpfung fällt von uns ab, und wir gewinnen so die Freiheit, neue Fertigkeiten und Fähigkeiten zu entwickeln. Wie bei den Klosterleuten, sollte jeder Tag körperliche und geistige Arbeit umfassen. Wenn also unser Beruf Kopfarbeit ist, dann ist es wichtig, einen Garten oder eine Parzelle zu finden, die wir bewirtschaften können. Außerdem hat jeder ältere, behinderte oder kranke Nachbarn, deren Gärten gepflegt und deren Häuser instand gehalten werden müssen. Wir sollten auch dem klösterlichen Beispiel folgen, uns viel Zeit für Meditation und Studien zu nehmen und Bücher zu lesen, die uns nicht nur fesseln und unterhalten, sondern auch unser Verständnis für die Geheimnisse der Schöpfung Gottes vertiefen. Vielleicht bietet sich auch die Gelegenheit, Kreativität zu entfalten. Wie selbst der unmusikalischste Mönch in einem mittelalterlichen Kloster gregorianische Gesänge lernte, kann jeder von uns irgendeine künstlerische Betätigung finden, die seine Phantasie weckt.

Unsere frühesten Vorfahren lebten in engverbundenen Gemeinschaften, wo Sitten und Bräuche den Tagesablauf jedes einzelnen bestimmten. Das Kloster ist gewissermaßen die Nachbildung einer solchen Gemeinschaft. Seine Glocken rufen die Mönche von einer Tätigkeit zur anderen. Doch der Mönch in der Welt hat weder eine vergleichbare Gemeinschaft noch Glocken, die den

Tagesablauf unterteilen. Wenn wir daher die Zahl der Stunden verringern, die wir mit bezahlter Arbeit verbringen, ist die Gefahr groß, daß wir die damit gewonnene Zeit sinnlos vertrödeln. Also müssen wir einen Zeitplan aufstellen – mindestens für die Stunden vom frühen Morgen bis zum späten Nachmittag – und uns mit religiöser Hingabe an diesen Zeitplan halten. Bei der Anfertigung dieses Zeitplans sollten wir jene Ordensregel anwenden, nach der jede Arbeit 90 Minuten oder maximal zwei Stunden in Anspruch nehmen sollte. Soweit wie möglich sollte jeder Tag geistige und körperliche Arbeit umfassen und ebenso auch Aktivitäten mit anderen Menschen und für sich allein.

AUFGABE

Besprich mit deinem Ehepartner oder einem Freund, wie du mit deiner Zeit und deinen Begabungen umgehst; frage, ob die Arbeit, die du tust, dich ausfüllt, ob sie deiner Gesundheit guttut und Wert für andere hat. Wenn du dann das Gefühl bekommst, daß du in irgendeiner Form deine Zeit und deine Fähigkeiten vergeudest, versuche zu planen, welche realistischen Änderungen du vornehmen kannst.

SICHERHEIT

Der arme Ordensmann ist der Herr der Welt. Er hat
seine Sorgen in Gottes Hand gelegt und kann daher die
gesamte Schönheit und Fülle der Schöpfung Gottes
genießen.   *Franz von Assisi*

Als der heilige Antonius in die Wüste hinauszog, hatte
er keinerlei Vorstellung, wo er Speis und Trank finden
sollte. Die keltischen Mönche, wie Sankt Brendan, die
an den Küsten Britanniens und Irlands die Segel ihrer
winzigen Nußschalen setzten, hatten ebenfalls keine
Ahnung, ob sie je Land erreichen würden, bevor ihre
mageren Vorräte zu Ende gingen. Für diese frühklöster-
lichen Helden waren tollkühne Abenteuer dieser Art
Glaubensbeweise, sich völlig der Gnade Gottes anzuvertrauen.

Im Gegensatz dazu genießen wir heute so viel materielle Sicherheit, wie diese Welt nur zu bieten hat. Wir
haben keine Angst, hungern zu müssen, denn in allen
Läden in unserer Umgebung sind die Regale gefüllt.
Wenn es eine Mißernte gibt, verfügen unsere Staaten
reichlich über Vorräte und auch über genügend finanzielle Mittel, um anderswo zusätzliche Nahrungsmittel
zu kaufen. Wasser ist verfügbar, so oft wir den Hahn

aufdrehen, und Licht und Wärme durchfluten unser Haus, sobald wir auf den Schalter drücken. Wir wohnen in Häusern, die so solide gebaut sind, daß sie den heftigsten Wirbelstürmen standhalten. Mehr noch: Wenn uns ein Unglück passiert, sind wir versichert. Eine schlimme Verwundung, die uns arbeitsunfähig macht, ein Brand in unserer Wohnung oder ein Verkehrsunfall, bei dem unser Fahrzeug beschädigt wird – für alles können wir Vorsorge treffen, indem wir verhältnismäßig geringe Zahlungen an eine Versicherungsgesellschaft leisten.

Beim ersten Hinsehen scheint eine derartige Absicherung jeglicher Form von Armut und Bescheidenheit zu widersprechen. Übrigens ist die Natur selbst unsicher und instabil, so daß unsere nomadischen und bäuerlichen Vorfahren in ständiger Furcht lebten, Dürre, Krankheiten oder Unwetter könnten ihre Ernten vernichten und zu Hungerkatastrophen führen. Deshalb erschienen die Wagnisse, die Antonius und Brendan eingingen, ihren Zeitgenossen keineswegs als so groß wie uns. Wenn wir daher als Mönch in der Welt leben wollen, könnte leicht der Eindruck entstehen, als ob wir jede Art von Absicherung und Vorsorge für die Zukunft zurückweisen sollten – einschließlich des Sparens für unsere Altersversorgung.

Doch klösterliches Leben verlangt von uns keineswegs einen solchen Rigorismus, wie die Beispiele von Antonius und Brendan andeuten. Als die Ordensleute erst einmal unter Pachomius und später unter Benedikt Gemeinschaften zu bilden begannen, konnten sie einander in Schwierigkeiten und im Unglück beistehen. Wurde ein Mönch krank oder erlitt er eine Verletzung, kümmerten sich seine Brüder um ihn. Brachte ein Sturm Klosterzellen zum Einsturz, taten sich die Klosterbrüder und -schwestern zusammen, um die zerstörten Bauwerke neu zu errichten. Das Kloster insgesamt verfügte über genügend Ländereien, so daß eine große Vielfalt an Feldfrüchten angebaut werden konnte. Wenn also die eine oder andere Feldfrucht nicht gedieh, konnte man sicher sein, daß wenigstens die anderen keiner Mißernte zum Opfer fielen. Kein Wunder, daß mittelalterliche Bauern so oft die Klöster um ihre materielle Sicherheit beneideten – und zweifellos war einer der Gründe, weshalb seinerzeit so viele bereit waren, die Entbehrungen des Klosterlebens auf sich zu nehmen, dafür an dieser Sicherheit teilzuhaben.

Auf rein wirtschaftlicher Ebene ahmt eine Versicherungsgesellschaft die klösterliche Gemeinschaft nach. Indem sie eine große Anzahl von Klienten verpflichtet, Beiträge zu einem gemeinsamen Fonds zu leisten, kann sie für jeden Versicherten, der in Not gerät, Vorsorge treffen. Somit ist eine derartige Sozietät eine unsichtbare Gemeinschaft, welche die Risiken ihrer Mitglieder vereint. In einem Staat mit moderner Wirtschaft gewährt auch die Regierung Sicherheit – dies nicht nur in Form von Sozialleistungen an Arbeitslose und Alte, sondern auch durch Subvention von Krankenhäusern und Schulen. Die Kosten für die Behandlung so mancher Leiden sowie für die Erziehung der Kinder können so hoch sein, daß nur wenige Einzelpersonen sie allein von ihrem laufenden Gehalt bezahlen können. Der Staat zieht von den Bürgern Steuern ein, um diese Leistungen erbringen zu können, ohne daß es zu einer untragbaren Belastung kommt, wenn der einzelne sie nötig hat. In der Tat: Das Prinzip der Absicherung ist in unserer Gesellschaft so tief verwurzelt, daß sich ihm niemand von uns entziehen kann.

Nicht in diesem Vorgehen an sich liegt die Gefahr, die eine solche Vorkehrung gegen Unglück und eine derartige Zukunftsvorsorge mit sich bringt, sondern in der Haltung, die daraus erwachsen kann. Mit unseren reichen Nahrungsmittelvorräten, unseren erdbebenfesten Häusern, unseren Versicherungen gegen alles und jegliches Mißgeschick und zu guter Letzt unseren staatlichen Sozialleistungen meinen wir, unser Schicksal völlig im Griff zu haben – oder zumindest gegen Widrigkeiten gefeit zu sein. Im Vergleich zu unseren frühen Vorfahren oder den verarmten Massen Afrikas und Asiens sind wir stolz auf unsere Herrschaft über die Natur. Doch jeder, der durch die Elendsgebiete Afrikas und Asiens gereist ist, wird es bestätigen: Die dortige Gastfreundschaft und Freigebigkeit beschämen uns. Das bißchen, was diese Menschen haben, teilen sie bereitwillig mit dem Fremden oder mit einem Freund, der sich in Not befindet, wogegen unsere Häuser und Wohnungen Bollwerke gegen Bitten und Wünsche anderer sind. Ja – die Armen besitzen noch eine Spontaneität, die uns abhanden gekommen ist, wenn es darum geht, jemandem zu helfen oder auch sich selbst eine Freude zu machen, ohne an die Kosten zu denken. Unsere Illusion, daß wir unser Leben im Griff haben, erstickt diese natürlichen Impulse und läßt uns seelisch verarmen.

Schlimmer noch: Diese Illusion trennt uns von Gott. Unsere Vorfahren, die stets die Unsicherheit ihres täglichen Lebens vor Augen hatten, wandten sich immer wieder im Gebet an Gott. Sie erflehten Gottes Segen für ihre Ernten und überströmten ihn nach der Ernte mit

Dank. Wenn eine Frau ein Kind gebar, baten sie Gott um eine glückliche Entbindung, und sobald jemand krank wurde, riefen sie Gottes heilende Macht zu Hilfe. Wenn sie unterwegs waren, hielten sie an jedem Gotteshaus inne, an dem sie vorbeikamen, betraten es durch sein Südportal und beteten zum heiligen Christophorus, dem Schutzpatron der Reisenden, dessen Bildnis sich stets an der Nordwand befand. Wenn sie erwachten, aßen oder sich schlafen legten, befahlen sie sich in Gottes Hände. Solch ständiges Beten war kein Zeichen besonderer Frömmigkeit, sondern Ausdruck der offenkundigen Wahrheit, daß allein die Kraft Gottes sie vor und in Gefahr schützen konnte: Gott war sozusagen ihre »Versicherungspolice«. Nur wenige von uns vertrauen noch in diesem Maße auf Gott, denn wir halten uns ganz allein für fähig, uns zu schützen.

In jüngster Zeit allerdings begann unsere Illusion, die Dinge im Griff zu haben, brüchig zu werden. Als Einzelpersonen können wir uns zwar gegen Katastrophen versichern, als Spezies Menschheit bleiben wir dagegen hochgradig verwundbar. In der Tat zerstören wir durch unsere Bemühungen, die Natur zu beherrschen, gerade ihren Reichtum, von dem unser aller Leben abhängt. Durch Umweltverschmutzung, Zerstörung der Tier- und Pflanzenwelt sowie durch Erschöpfung der Bodenschätze bringen wir uns und unsere Nachkommen in die Gefahr permanenter Hungersnöte und Seuchen. Bisher blieb der Lebensstandard der westlichen Welt von der drohenden Umweltkrise verschont. Doch besteht heute kein Zweifel, daß sie über unsere Kinder und Enkel hereinbrechen wird, wenn wir nicht anders wirtschaften als bisher.

Die Literatur der Ordensleute ist voll von Ermahnungen an Mönche und Nonnen, daß sie Gottes Schöpfung lieben und wertschätzen sollen, daß sie sich um die Tiere als Gottes Geschöpfe kümmern und ständig bestrebt sein sollen, die Fruchtbarkeit des Bodens, den sie bebauen, zu erhalten und zu mehren. In der Tat leisteten während des gesamten Mittelalters Klöster Pionierarbeit im Bereich der Landwirtschaft, indem sie neue Verfahren des Pflügens und neue Bewässerungssysteme entwickelten. Für die Mönche und Nonnen war eine solche Haltung gegenüber der natürlichen Weltordnung ein Akt gläubigen Gehorsams vor Gott, dem Schöpfer aller Naturgesetze. Sie waren davon überzeugt: Wenn sie diesen Gesetzen nicht gehorchten, würde die Natur selbst sich gegen sie erheben und sie durch Vernichtung ihrer Ernten bestrafen.

Wenn wir heute wieder ganz neu lernen müssen, in Harmonie mit der Natur zu leben, müssen wir anfangen, die Grenzen unserer Macht zu respektieren – und somit wahrzunehmen, daß unser Wohlstand äußerst fragwürdig würde, wenn wir alles aus eigener Kraft tun müßten. Dann werden auch unsere Herzen die Großzügigkeit und Spontaneität unserer »primitiven« Vorfahren – und die der Ordensleute vergangener Zeiten – wiederentdecken.

AUFGABE

Verbringe ein paar Minuten in Stille, und versetze dich dabei in die Lage eines Landmanns im mittelalterlichen Europa oder der ländlichen Bevölkerung im heutigen

Afrika und Asien, die ganz von den Wechselfällen der Witterung abhängig ist, um überleben zu können. Denke darüber nach, welchen Einfluß dies auf deine Einstellung zur Natur und zum Leben ganz allgemein hat.

KLEIDUNG

Wir können ebenso gut aussehen wie die reichsten
Edelleute, wenn wir die schlichten Kleider eines
einfachen Landmannes mit Bescheidenheit und
Anmut tragen.   *Katharina von Siena*

Viele der ersten Mönche, die in den Fußstapfen des heiligen Antonius hinaus in die Wüste Ägyptens und Sy-
riens zogen, trugen nichts als einen Lendenschurz und
betrachteten ihre Nacktheit als Bestandteil ihrer mönchischen Armut. Tagsüber verbrannte die heiße Wü-
stensonne ihre bloße Haut, doch in der eisigen Wüsten-
nacht zitterten sie vor Kälte. Benedikt verlangte von den
Mitgliedern seines Ordens keinen so rigorosen Ver-
zicht, hoffte er doch, daß sich auch gewöhnliche Leute
zum Klosterleben hingezogen fühlten. Seinen Mönchen
schrieb er einen einfachen Habit aus rauhem, wollenen
Tuch vor. Dieser sollte nicht so geschnitten sein, daß er
sich der Figur des einzelnen Mönchs anpaßte. Vielmehr
sollte er lose am Körper herabfallen, wobei nur ein Strick
um die Taille verhinderte, daß das Gewand sich im
Wind aufbauschte. Auch sollte der Stoff nicht gefärbt
sein, sondern die Naturfarbe der Schafwolle beibehal-
ten. Auf diese Weise waren die Klosterleute nachts vor

Kälte und tagsüber vor Sonne geschützt und gleichzeitig gegen die Versuchung der Eitelkeit gefeit.

Von da an war die von Benedikt eingeführte Mönchskleidung das Einheitsgewand der Klosterbewohner. Doch viele Jahrhunderte lang trugen Mönche und Nonnen eine Vielzahl unterschiedlicher Farbtöne, die dem vielfältigen natürlichen Farbspektrum der Schafwolle entsprach. Als sich aber im Mittelalter Orden mit deutlicher Unterscheidung herausbildeten, wählte sich auch jeder seine besonderen Farben. Einige Orden bevorzugten weiße Kleidung, andere entschieden sich für Braun oder Schwarz, wieder andere schließlich für eine Mischung dieser Farben. Dabei bestand noch immer das Verbot, die Wolle zu färben, so daß die Farbe der neuen Ordenstracht davon abhing, daß sich das Kloster Schafe mit der richtigen Wollfarbe hielt. Darüber hinaus entwickelte jeder Orden seine eigene Methode, die Ordensgewänder zuzuschneiden, so daß diese auch vom Schnitt her ihren ganz spezifischen Stil erhielten. Das Resultat war die schlichte Schönheit und Eleganz des klösterlichen Habits. Eine Gruppe von Mönchen oder Nonnen, die in identischen Gewändern durch das Kirchenschiff ziehen, bildet ein wahres Fest für die Augen.

Eitelkeit, die Mönche zu unterdrücken suchen, ist ein ganz natürliches menschliches Gefühl. Nicht nur viele Vogel- und auch andere Tierarten putzen sich heraus, insbesondere im Zusammenhang mit ihren Paarungsritualen, sondern auch Menschen versuchten stets, sich so schön wie möglich zu machen. So bemalen die Angehörigen von Naturvölkern ihren Körper mit leuchtenden Farben und schmücken sich mit einem kunstvollen

Kopfputz aus bunten Federn, und der moderne Mensch des Abendlands gibt viel Geld dafür aus, sich die Haare schneiden oder Dauerwellen legen zu lassen und sich stets nach der neuesten Mode zu kleiden. Der biologische Zweck unserer Eitelkeit besteht darin, einen Partner anzuziehen, so daß – wie Autoren aus dem klösterlichen Bereich stets erkannt haben – unser Verlangen nach auffallender Kleidung auch eine sexuelle Bedeutung hat. Doch die Eitelkeit besteht weiter, auch wenn die Zeit der Partnerwerbung längst vorüber ist. Selbst eine schon ältere Witwe, der Gedanken an eine Partnerschaft so fern liegen wie nur etwas, betreibt vielleicht mit ihrer Garderobe einen nicht enden wollenden Aufwand.

Ein verheiratetes Paar wäre falsch beraten, wenn es Mönchen und Nonnen nacheiferte und seine natürliche Eitelkeit unterdrückte. Soll eine eheliche Beziehung warm und prickelnd bleiben, dürfen Mann und Frau nicht aufhören, sich füreinander attraktiv zu machen. Wenn Partner ihrer Kleidung gegenüber nachlässig werden, ist dies oft ein untrügliches Zeichen ihrer auseinanderbrechenden Beziehung. Doch solch heilsame Eitelkeit erfordert keine hohen Ausgaben, und man muß auch nicht ängstlich besorgt sein, immer mit der neuesten Mode Schritt zu halten. Genauso wie ein Mönch durchaus einen ästhetischen Anblick bieten kann, wenn sein wollener Habit geschickt zugeschnitten ist und sauber gehalten wird, können auch wir in einfacher Kleidung elegant und anziehend wirken. Kleidungsstücke, die ebenso bequem wie formgerecht und so gefärbt sind, daß ihre Farbe den natürlichen Tönungen der Faser entspricht, unterstreichen am besten die natürliche Schönheit des menschlichen Körpers.

Glücklicherweise haben wir einen angeborenen Instinkt, wie wir uns anziehen. In Kleidungsstücken, die schäbig sind, fühlen wir uns ebenso unbehaglich wie in allzu auffallenden Gewändern. Wirklich behaglich und selbstsicher fühlen wir uns dagegen in Kleidern von natürlicher Eleganz. Wenn wir allerdings stets gegen diesen Instinkt verstoßen, indem wir zu viel oder zu wenig auf unsere Erscheinung achten, wird dieser Instinkt bald getrübt, so daß er uns schließlich bei der Auswahl unserer Kleidung nicht mehr leiten kann. Verlassen wir uns aber auf ihn, werden wir die natürliche Schönheit eines Pfaus erreichen – oder die eines Benediktinermönchs.

Doch der Mönchshabit ist nicht nur elegant, sondern er dient auch einem anderen wichtigen Zweck: Er signalisiert allen, denen sein Träger begegnet, dessen besondere Berufung. Begegnen wir also in einem Eisenbahnabteil einem Mann in einem braunen Habit, mit einem Strick als Gürtel und Sandalen an den Füßen, wissen wir, daß wir mit ihm über Spiritualität und Moral sprechen können und einer warmen Erwiderung voller Anteilnahme sicher sein dürfen. Ebenso sind sich Mönche und Nonnen selbst, wenn sie in der Öffentlichkeit ihre Ordenskleidung tragen, sehr deutlich ihrer Identität bewußt und wissen auch genau, welches Verhalten man von ihnen erwartet. In der Intimität ihres Klosters, wo sie nur von ihresgleichen umgeben sind, fällt es ihnen leichter, sich »gehenzulassen«. Aber in jeder anderen Umgebung ist das Ordensgewand ein Symbol von großer Kraft.

Die Kleidung, die wir Laien tragen, fällt vielleicht in einem Eisenbahnabteil weniger auf, hat aber kaum geringeren Symbolwert. Kleiden wir uns in schlichter Eleganz, vermittelt dies anderen eine Botschaft über unseren Wunsch, im Leben insgesamt nach Einfachheit und Natürlichkeit zu streben. Umgekehrt vermitteln wir durch allzu auffallende oder nachlässige Kleidung eine negative Botschaft. Allerdings stellt uns die symbolische Funktion unserer Kleidung vor ein Problem, mit dem Mönche und Nonnen sich nicht herumzuschlagen brauchen. Ihre Arbeit ist Teil des Klosterlebens, und der gleiche Kleidungsstil ist für alle Anlässe geeignet. Von vielen von uns dagegen, die wir unseren Berufen in der Welt nachgehen, erwartet man Kleidung, die uns nicht selten in Konflikt mit unserem Bedürfnis nach Schlichtheit bringt. Beispielsweise verlangt man von einem Arzt oder Rechtsanwalt, daß er teure Anzüge trägt, um das Vertrauen seiner Patienten bzw. Klienten zu wecken. Ärztinnen und Anwältinnen müssen noch sehr viel mehr für ihr Äußeres ausgeben und dürfen auf keinen Fall mehrere Tage hintereinander dieselben Kleider tragen. Statt daß man sich über die Konventionen hinwegsetzt und dadurch unnötig Menschen vor den Kopf stößt, ist es wohl klüger, derartige Kleider so zu betrachten wie Mönche und Nonnen ihre kostbareren Gewänder, die sie bei der Feier der Liturgie tragen – als willkommene »Extravaganz« im Dienste Gottes und der Menschheit.

Natürlich wurden die Ordensgewänder von den Mönchen und Nonnen selbst gesponnen und gewebt, und zwar aus Wolle, die die eigene Schafzucht lieferte. Nun können sich wenige von uns heute im Garten Schafe halten, doch Spinnen, Weben oder Stricken sind ein wunderbarer Zeitvertreib für die langen Winterabende. Mehr noch – als Zugeständnis an die eheliche Eitelkeit können wir uns Garne in einem breiten Spektrum zarter Tönungen einfärben, wobei wir natürliche Substanzen von Zwiebelschalen bis hin zu von Steinen abgekratztem Moos als Farbstoffe verwenden. Ein handgestrickter und selbstgefärbter Pullover oder Schal übertrifft an Schönheit und Eleganz die teuersten Produkte eines Modehauses – und ist auch viel anziehender.

AUFGABE

Gehe deinen Kleiderschrank durch und frage dich, welche Kleidungsstücke sich natürlich und echt anfühlen, elegant, einfach und gleichzeitig auch bequem sind. Dann gib den Rest weg. Du wirst erstaunt sein, wie viele Kleidungsstücke du weggibst, doch du wirst sie nicht vermissen.

MEDIEN

Da die Welt von Gott erschaffen wurde, ist es ein Akt
der Gottesverehrung, sie in Farben oder in Worten zu
schildern.   *Pachomius*

Wer im Mittelalter als Besucher durch den Kreuzgang
einer großen Abtei schritt, traf dort auf mehr als ein Dut-
zend Mönche, die auf hohen Stühlen hockten und sich
über Pergamente auf Pulten beugten. Einige von ihnen
kopierten die Bibel, andere ein Andachtsbrevier in vollkommener Schönschrift. Noch andere schufen hervorragende Bildwerke, die entweder zur Illustration dieser
Bücher dienten oder auf Holztafeln geklebt in Pfarrkir-
chen hingen. War der Besucher dann bis zu den Werk-
stätten des Klosters vorgedrungen, fand er dort noch
weitere Mönche damit beschäftigt, große Bilder für Flü-
gelaltäre zu malen, Statuen von Jesus, Maria und den
Heiligen zu schnitzen oder sogar Musikinstrumente an-
zufertigen, die beim Gottesdienst gespielt werden sollten. Später, in der Ruhepause nach dem Abendessen,
hätte der Besucher hören können, wie sich die Mönche
Geschichten erzählen, die heiter und scherzhaft oder
aufregend und tragisch sein konnten.
  Künstlerische Äußerungen, wie die Malerei, die Bild-

hauerei, das Musizieren, das Schreiben und das Geschichtenerzählen, sind ganz natürliche menschliche Aktivitäten. Selbst Angehörige unzivilisierter Stammesgemeinschaften malen Bilder von Tieren und Bäumen an
Höhlenwände und auf Rindenstücke, machen aus Baum-
stümpfen Idole, fertigen einfache Zupf- und Streich-
instrumente aus Stöcken und Lederstücken an. Abends
schlagen die alten Männer die Kinder mit Mythen in
ihren Bann, erzählen Geschichten vom Glanz und den
Tragödien vergangener Zeiten, die durch zahllose Generationen weitergegeben wurden. Jeder Mensch hat eine
lebhafte Phantasie, der man Nahrung geben muß, die
sich aber auch ihrerseits anderen mitteilen will.

Der Buchdruck war das erste Kommunikationsme-
dium, das Massen zu erreichen vermochte, denn er
ermöglichte die rasche Herstellung so billiger Druck-
erzeugnisse, daß selbst weniger bemittelte Familien sich
ihren Erwerb leisten konnten. Rasch griffen die Klöster
diese neue Technik als ein Mittel auf, um christliches Ge-
dankengut zu verbreiten. In größeren Klostergemein-
schaften war deshalb schon bald eine Druckerpresse
installiert, und man bildete Mönche darin aus, sie zu
bedienen. Freilich machte der Druck die mönchischen
Schreiber überflüssig, und indem er so eine der wesentlichen sozialen Funktionen des Klosters untergrub, mag
er auf seine Weise zum Niedergang des Ordenslebens
im 16. Jahrhundert beigetragen haben.

Die heutigen elektronischen Medien – Rundfunk und
Fernsehen – verhundertfachen die Herausforderungen
an das Druckereiwesen, aber ebenso auch die damit ver-
bundenen Gefahren. Eine kleine Gruppe professioneller
Stimmungs- und Meinungsmacher in einem Fernsehstu-

dio kann heute Millionen von Haushalten mit Bildern, Musik und Wortsendungen von höchster technischer und bisweilen auch künstlerischer Qualität versorgen. Was der einzelne demgegenüber an künstlerischer Leistung zustande bringt, erscheint damit verglichen als schwach, ja sogar zuweilen wertlos. Doch nicht genug damit – die Tatsache, daß Rundfunk- und Fernsehstationen rund um die Uhr senden, stellt für viele eine Versuchung dar, Tag für Tag, Stunde um Stunde als passive Konsumenten künstlerischer Leistungen anderer zu verbringen, wogegen eigene schöpferische Talente brachliegen. Diese zerstörerische Kraft der elektronischen Medien wird noch verstärkt durch moderne Fertigungstechniken, die die nahezu vollkommene Reproduktion von Bildern und Skulpturen ermöglichen sowie die Herstellung von Tapeten, Teppichen und Dekostoffen jeder Art, um unsere Wohnungen zu verschönern. Angesichts so hoher Qualität, die bisweilen zu recht niedrigen Preisen auf dem Markt ist, fühlen sich Hobbyhandwerker kaum noch zu eigenem Schaffen angeregt.

Ähnlich wie man in spätmittelalterlichen Klöstern die Macht des Buchdrucks erkannte, hat man sich auch in vielen modernen Klöstern intensiv mit den neuzeitlichen Medien auseinandergesetzt. Einige haben Rundfunk und Fernsehen ganz und gar verbannt. Die Mehrzahl hat jedoch Wege gefunden, sich beider Medien mit Einfühlung und Zurückhaltung zu bedienen, so daß ihre Auswirkungen fast ausschließlich günstig sind. Im streng geordneten klösterlichen Tagesablauf bleiben allerdings nur die Mußestunden am frühen Abend um fernzusehen, so daß die zur Verfügung stehende Fernsehzeit äußerst begrenzt ist. Allerdings haben so mancher Abt und so manche Äbtissin erkannt, daß gerade um diese Zeit die Programme nicht gerade erbaulich sind. So bedient man sich sehr oft eines Videorecorders, um dieses Problem zu lösen, ermöglicht ein solches Gerät es doch, gute Dokumentarsendungen und Spielfilme auf Band aufzunehmen und sie dann während der Ruhepause abzuspielen. Eine andere Errungenschaft der modernen Technologie, die spirituellen Nutzen bringt, ist ein kleines Radio mit Kopfhörern. Eine bemerkenswerte Anzahl von Klöstern gestattet ihren Mönchen und Nonnen, nachts Nachrichten zu hören, um die Personen und Ereignisse, von denen berichtet wird, in ihr Gebet einschließen zu können. Viele Mönche machen sich während der Nachrichten Notizen, um sicherzugehen, daß sie alle nationalen und internationalen Probleme, von denen die Rede ist, korrekt in Erinnerung behalten. Die Folge davon ist: Mönche sind oft bemerkenswert gut informiert.

Im Durchschnitt verbringen Westeuropäer und Amerikaner heute täglich etwa dreieinhalb Stunden vor dem Fernseher, und hinzu kommen weitere zwei Stunden, in denen sie Radio hören. Zweifellos hat das Fernsehen unseren intellektuellen Horizont erweitert, so daß selbst kleine Kinder erstaunlich viel über die Misere der Elefanten in Afrika oder die Zerstörung der Ozonschicht wissen. Doch allein schon die Zeit, die man vor elektronischen Massenmedien verbringt, macht es unmöglich, zahlreiche der schöpferischen Aktivitäten zu entwickeln, die bei unseren Vorfahren eine große Rolle spielten – dies beginnt mit dem Ausdenken von Spielen und Geschichtenerzählen bis hin zum Musizieren und Briefeschreiben, ganz zu schweigen vom Malen und

Schnitzen. Die Klöster machen es möglich, daß sich diese künstlerischen Fähigkeiten weiterhin ungehindert entfalten können, weil Fernsehen und Rundfunk auf den Abschnitt des Tages beschränkt werden, den Ordensleute sonst nur plaudernd oder sogar ruhend verbringen. Mönche und Nonnen in der Welt haben keine andere Wahl, als sich im Hinblick auf Fernsehen und Radio einer ähnlichen Disziplin zu unterwerfen, um den künstlerischen Talenten, die Gott ihnen verliehen hat, vollen Ausdruck zu verleihen.

Das heutige Ordenswesen hat auch eine andere moderne Form der Kommunikation in den Griff bekommen, die vielfach noch einschneidender ins Leben des einzelnen eingreift als das Fernsehen. In der modernen Wohnung bzw. im Büro hat das Telefon einfachste Umgangsformen zunichte gemacht, indem es mit hartnäckigem Klingeln die intimsten und wichtigsten Gespräche stört. Ja, es kann den ruhigen Rhythmus unserer Arbeit ebenso durcheinanderbringen wie den unserer Gebets- oder Ruhepausen, worunter unsere Leistungsfähigkeit und unsere Ausgeglichenheit leiden. Zahlreiche Klöster weigerten sich daher jahrzehntelang, ein Telefon installieren zu lassen, und forderten, die Kommunikation mit der Außenwelt habe lediglich brieflich stattzufinden. Als sie sich schließlich doch Telefon legen ließen, sorgten sie dafür, daß der Anschluß während der Gebets- und Essenszeiten abgestellt war, so daß sie nur zu bestimmten Stunden am Tage erreichbar waren. Heute leistet ein automatischer Anrufbeantworter den gleichen Dienst.

Es erfordert ein bemerkenswertes Maß an Selbstkontrolle, einen Telefonanruf nicht entgegenzunehmen. Schließlich haben wir uns daran gewöhnt, schlechte Manieren als Bestandteil unserer Kultur zu betrachten. Doch wenn wir, wie die Klosterleute, täglich nur eine bis zwei Stunden auf sein Läuten reagieren, haben wir die Tyrannei schon durchbrochen. Verwandte, Freunde und Kollegen bekommen bald die Zeiten mit, in denen sie auf eine Antwort rechnen dürfen, und stellen sich mit ihren Anrufen entsprechend ein. In der übrigen Zeit kann der Anrufbeantworter die Verbindung aufrecht-erhalten. Für wichtige Anrufe von der Frau oder den Kindern kann man ein einfaches Signal ausmachen, um zu garantieren, daß man den Hörer abhebt. Beispiels-weise läßt man das Telefon einmal klingeln, hängt dann auf und ruft sofort wieder an. So wird das Telefon zum willkommenen Freund und ist kein rücksichtsloser Ein-dringling mehr.

AUFGABE

Stell dein Fernsehgerät eine Woche lang weg. Verschaff dir Klarheit darüber, welche Sendungen du wirklich ver-mißt und welche du leicht weglassen kannst. Wenn du dann dein Fernsehgerät wieder in Betrieb nimmst, sieh dir nur noch die Sendungen an, die du wirklich vermißt hast. Stell auch das Telefon ab, bis auf wenige, bestimmte Stunden, die du deine Freunde und Verwandten wissen lassen kannst. Du wirst feststellen, daß eine solche Vor-kehrung sich als so segensreich erweist, daß du dauer-haft von ihr Gebrauch machst.

GESUNDHEIT

Wir sollten nicht allzu ängstlich um unseren Körper
besorgt sein. Doch sollten wir alles tun, was nötig ist,
die Gesundheit und Stärke des Körpers zu bewahren,
damit wir Gott nach besten Kräften dienen können.

Ignatius von Loyola

Mönche und Nonnen sind dafür bekannt, daß sie sehr
alt werden. Zu Zeiten, als das Durchschnittsalter mittel-
europäischer Stadt- und Dorfbewohner 40 Jahre betrug,
erreichten Klosterbewohner oft die volle Spanne von 70
Jahren, wenn sie nicht noch älter wurden. Sie waren widerstandsfähiger gegenüber der Pest und den zahllosen
anderen Krankheiten, die damals Menschen früh ins
Grab brachten. Selbst wenn sie sich angesteckt hatten,
war die Wahrscheinlichkeit größer, daß sie überlebten.
Damals glaubte man, Quell ihrer unverwüstlichen Gesundheit sei ihr Zölibat, daß also die Enthaltsamkeit von
sexuellen Aktivitäten die natürlichen Lebenskräfte er-
hielte. Heute weiß man, daß das Geheimnis in der Nahrung bestand, die sie zu sich nahmen, der Arbeit, die sie
taten, und in der Art, wie sie ihr Leben einteilten.

Heute haben wir eine ähnlich hohe Lebenserwartung
wie einst die Mönche und Nonnen. Das heißt aber natür-

lich nicht, daß wir erwarten können, unser ganzes Leben lang gesund zu bleiben. In vielen Bereichen und an vielen Arbeitsplätzen erscheinen an einem normalen Tag ein Zehntel bis ein Fünftel der Beschäftigten wegen einer leichteren Erkrankung nicht. Infektionen, die durch Viren oder andere Erreger hervorgerufen werden, breiten sich rasch in der Nachbarschaft aus; chronische Leiden, wie Rückenschmerzen, Asthma und Migräne, bereiten Tausenden ständige Qual, und viele, bei denen gar keine augenfällige Ursache erkennbar ist, fühlen sich den größten Teil ihres Lebens über unwohl. Wir neigen dazu, häufige oder chronische Krankheit als unvermeidlichen Bestandteil des normalen Lebens zu betrachten, und vier, fünf oder sechs jährliche Arztbesuche beunruhigen uns nicht. Tatsächlich wird in den westlichen Ländern bis zu einem Zehntel des Einkommens auf die Gesundheitsfürsorge verwandt, und Ärzte haben längst die Rolle der Priester als jene Personen übernommen, an die wir uns in Notzeiten wenden können, um uns von ihnen mit Pillen und Tropfen gegen alle möglichen Leiden versorgen zu lassen.

Der Gegensatz zum übrigen Teil von Gottes Schöpfung könnte kaum größer sein. Gewiß können sich auch Säugetiere und Vögel in der freien Natur Krankheiten zuziehen. Doch dies ist die Ausnahme, nicht die Regel, und die überwiegende Mehrzahl der Geschöpfe Gottes verbringt ihre gesamte Lebenszeit bei guter Gesundheit, abgesehen von dem kleineren Teil, der durch Raubtiere und Jäger einen vorzeitigen Tod erleidet. Wenn wir Haustiere besitzen, versuchen wir zu Recht, deren natürliche Lebensbedingungen nachzuahmen, was das Futter und ihre Betätigung angeht. Tatsächlich würden wir es als grausam betrachten, einen Hund nur mit Schokolade und anderen Süßigkeiten zu füttern, auch wenn er diese Dinge noch so gerne mag, und es gilt auch als verwerflich, einen Hund am Auslauf zu hindern. Im Gegenteil – wir wissen, daß die Gesundheit eines Hundes von natürlicher Fleischnahrung abhängt und daß es für das Tier ebenso wichtig ist, frei im Park herumzurennen. So können wir uns darauf verlassen, daß unsere Haustiere fast bis zu dem Tag, an dem sie sterben, gepflegt aussehen und bei guter Gesundheit sind.

Seltsamerweise entspricht der Aspekt des klösterlichen Lebens, auf den man das Wohlbefinden der Ordensleute zurückführte, das Zölibat, gerade am wenigsten der Natur. In jeder anderen Hinsicht entwickelten die Klosterleute eine Lebensform, die ihrem Wesen nach eine Nachahmung natürlicher Lebensweisen war. So unterschieden sich die einfachen Pflanzen, die sie anbauten und aßen, kaum von der Nahrung unserer frühesten Vorfahren in den Wäldern, und daß sie so sehr ihre Anspruchslosigkeit betonten, bedeutete, daß sie am Essen sparten – wozu auch unsere Vorfahren gezwungen waren. Wenn sie den Boden bearbeiteten und Viehzucht betrieben, so brachte ihnen dies so viel Bewegung, daß ihre Körper stets gut trainiert waren. Schließlich genossen sie noch den Vorteil eines regelmäßigen Lebens ohne unnötigen und ungesunden Streß.

Die heutige Langlebigkeit ist demgegenüber nicht auf unsere gesunde Lebensweise zurückzuführen, sondern auf den ungeheuren Fortschritt, den die medizinische Forschung im vergangenen Jahrhundert gemacht hat. Ihr verdanken wir heute eine Überfülle von Medikamenten gegen nahezu jede Krankheit. Doch paradoxerweise trägt gerade dies zu unserer schlechten Gesundheit bei. Denn von unseren ersten Lebenswochen an werden wir mit körperfremden Chemikalien bombardiert, die vielleicht gegen ein bestimmtes Problem helfen, aber insgesamt unsere natürlichen Widerstandskräfte schwächen. Mögen auch Ärzte ernsthaft versichern, die Arznei habe nur wenige oder gar keine unmittelbaren Nebenwirkungen – die langfristigen Schäden, welche die zahllosen Medikamente unserem Körper zufügen, vermögen sie doch nicht zu ermessen. Die Tatsache, daß Mönche und Nonnen sich nachweislich einer sehr viel besseren Gesundheit erfreuen als der Rest von uns, obwohl sie nur gegen gelegentliche kleine Unpäßlichkeiten ganz wenige Heilkräuter zu sich nehmen, läßt sehr stark vermuten, daß der allgemeine Schaden, den unsere Arzneimittel uns zufügen, den Nutzen dieser Medikamente bei weitem überwiegt. Tatsächlich geben heute auch viele Ärzte offen zu, daß der Körper selbst imstande sei, einige der am häufigsten vorkommenden Krankheiten zu heilen – deshalb sollte ein verständiger Patient nur in ganz besonders schweren Fällen zu industriell hergestellten Heilmitteln greifen. Somit besteht unsere beste Hoffnung auf ein langes Leben darin, uns auf die Natur zu verlassen und nur in äußersten Notfällen Medikamente zu nehmen.

Während sich die überwiegende Mehrzahl der Mönche und Nonnen ihr ganzes Leben hindurch bester Gesundheit erfreute, gab es andererseits stets solche, die es als ein Zeichen besonderer Heiligkeit betrachteten, ihren Körper zu züchtigen, sich schlecht zu ernähren, auf körperliche Bewegung zu verzichten und, um irgendeines göttlichen Auftrages willen, sich stets in nervöser Spannung zu halten. So gibt es heute zahllose Menschen, die mit vollem Bewußtsein ein ungesundes Leben führen, sich von »fast food« ernähren und den lieben langen Tag auf einem Bürosessel oder am Steuer eines Wagens verbringen, ohne Rücksicht auf sich und andere auf der Jagd nach Geld und Erfolg. Psychologisch betrachtet, leiden sowohl der maßlose Mönch als auch der von Ehrgeiz zerfressene Geschäftsmann an ein und derselben Störung: Im tiefsten Inneren hassen und verachten sie sich und vernachlässigen daher ihren Körper. Ihre Karriere dient ihnen nur als Vorwand für ihre Selbstzerstörung. Dies ist ein Verhaltensmuster und eine Ausrede, für die wir stets ein geschärftes Ohr haben sollten, denn wir alle sind von Zeit zu Zeit versucht, uns selbst nicht zu mögen. Wir sollten es als eine Pflicht gegenüber Gott, nicht als »Nachgiebigkeit gegenüber dem Fleisch« ansehen, für unseren Körper zu sorgen, denn da Gott uns geschaffen hat und uns liebt, sollten auch wir uns lieben.

In den letzten Jahrzehnten setzte sich immer mehr die Einsicht durch, daß unsere unnatürliche Lebensweise für viele unserer Leiden verantwortlich ist. Daher entstanden zahlreiche Diäten und Körperübungsprogramme. Einige Diätapostel befürworten ausschließlich Rohkost, manche schwören auf fett- oder salzarme Nahrung, wieder andere sehen im Mangel an Ballaststoffen die Ursache unserer Leiden. Ebenso schwören Apostel der Körperbewegung auf bestimmte Bewegungsübungen, die, wenn sie ein paarmal am Tage angewandt werden, den Körper biegsam und geschmeidig machen. Zweifellos enthalten die meisten der angepriesenen Methoden Elemente der Wahrheit, doch oft widersprechen sie ein-

ander und beruhen auf sehr spärlichen Forschungser-
kenntnissen. Denn unsere Körper reagieren oft so komplex, ja rätselhaft, daß es höchst unwahrscheinlich ist,
eine einzelne Diät oder bestimmte Körperübungen zu
finden, die sich als vollkommen erweisen würden. Statt
dessen sollten wir uns unser Unwissen eingestehen und
uns alten Erfahrungen anvertrauen. Mönche und Nonnen hatten selbst den Wunsch, sich der gesundheits-
schädlichen Reizfülle des Stadtlebens zu entziehen und
zu der schlichten Lebensweise ihrer Vorfahren zurück-
zukehren. Dabei schufen sie eine charakteristische eigene Lebensweise, der es zwar nicht an Differenziertheit
fehlte, der es jedoch gelang, die Ernährungsweise und
die Betätigung unserer Vorfahren nachzuahmen. Ähnlich wie sie, können auch wir nicht einfach zu einem
reinen Naturzustand zurückkehren, doch wir können
– gleich den Mönchen und Nonnen – immerhin sicherstellen, daß unsere künstliche Lebensweise wenigstens
soweit wie möglich mit den Naturgesetzen überein-
stimmt.

AUFGABE

Liste die Medikamente auf, die du während des letzten
Jahres genommen hast, einschließlich der Mittel gegen
leichtere Beschwerden wie Kopfschmerzen und Erkäl-
tungen. Frage dich, ob du die Einnahme einiger dieser
Mittel problemlos reduzieren oder ganz aufgeben kannst.

ZWEITER TEIL

KEUSCHHEIT

GEMEINSCHAFT

Wir schlagen vor, im Dienste Gottes eine Schule zu
schaffen, und wir beabsichtigen keinerlei Regeln festzulegen, die hart oder nur schwer ertragbar sind ...
Wie also jeder von uns als Angehöriger dieser Schule
seiner Berufung treu bleibt, werden wir uns einer Süße
der Liebe Gottes erfreuen, die jede Beschreibung übertrifft. Laßt uns Brüder bleiben, bis der Tod uns scheidet.

Benedikt

Die ersten Mönche zogen hinaus in die Wüste, um allein
zu sein – tatsächlich kommt die Bezeichnung »Mönch«
von dem griechischen Wort »Einsiedler«. Ihre Absicht
war es, durch das Gebet spirituell mit der Gemeinschaft
der gesamten Kirche verbunden zu bleiben; bald schon
erhielten diese Eremiten Bittschriften von weit her, die
sie aufforderten, für Kranke und Bedürftige zu beten.
Räumlich wollten sie aber von der Welt getrennt bleiben.

Doch seiner Natur nach ist der Mensch nun einmal
gesellig. Deshalb schlossen sich diese Eremiten schon
bald zusammen, um gemeinsam Gottesdienste zu feiern
und freundschaftliche Beziehungen zu pflegen. Sie erkannten, daß es sich gemeinsam sehr viel leichter und

wirksamer beten läßt als allein. Sie vereinbarten, sich Tag für Tag zu einer bestimmten Zeit zum Gottesdienst zu treffen, und konnten einander so eine strenge Disziplin auferlegen, die einen regelmäßigen Gebetsrhythmus sicherstellte. Sie erkannten auch, daß Gespräche miteinander kein unnützer Zeitvertreib waren, sondern in Zeiten spiritueller Niedergeschlagenheit und Erschöpfung ein wahres Lebenselixier sein konnten. Auch wenn man sein Brot miteinander teilte und gemeinsam aß, bedeutete dies nicht nur, dem Körper, sondern auch der Seele Nahrung zu geben. Schließlich führte Pachomius die Eremiten zu einer Gemeinschaft von »Zönobiten« zusammen, die einer gemeinsamen Lebensregel unterworfen waren, und von nun an lebten Ordensleute fast nur noch in klösterlichen Gemeinschaften.

Die Einsiedler in der Wüste entdeckten lediglich eine Grundtatsache menschlichen Lebens – daß wir alle »Gemeinschaftswesen« sind, die sowohl gefühlsmäßig als auch materiell voneinander abhängen. Seit Anbeginn trat der Mensch auf unserem Planeten in Gruppen in Erscheinung, und die Sitten und Bräuche urzeitlicher Gemeinschaften waren ihrem Wesen nach nichts anderes als eine Ordensregel, da sie ein bestimmtes Lebensmuster prägten, dem sich jedes einzelne Individuum unterordnen mußte. In manchen Gruppen ging die Solidarität ihrer Mitglieder so weit, daß die einzelnen Individuen niemals von »ich«, »mir« oder »mich«, sondern ausschließlich von »wir« oder »uns« sprachen. Verbreiteter waren jedoch Formen, die dem einzelnen im Rahmen von sozialen Gesetzen privaten Besitz und ein gewisses Maß an Entscheidungsfreiheit zugestanden. So unterschiedlich diese Gesetze gewesen sein mochten –

allen traditionellen Gruppen war eines gemeinsam: Die Gruppe war so klein, daß jeder jeden kannte.

In unseren Großstädten leben viele Menschen heute praktisch wie Einsiedler – nicht aus freier Wahl, sondern weil ihre Lebensumstände sie dazu zwingen. Unsere Vorfahren arbeiteten stets eng zusammen, wenn sie ihre Saat ausbrachten oder gemeinsam jagten. Viele von uns arbeiten jedoch in Großraumbüros oder Fabriken, wo sich der Kontakt mit den Arbeitskollegen und -kolleginnen auf kurze, belanglose Zufallsgespräche beschränkt. Auch viele Nachbarschaften bestehen aus kaum mehr als einer Aneinanderreihung von Wohnwaben. Es kommt nur zu einem Minimum an sozialen Kontakten, ganz zu schweigen von einem Zusammengehörigkeitsgefühl. Den Eremiten in der Wüste isolierte die Abgelegenheit seiner Höhle, den modernen Einsiedler in der Großstadt isolieren die spirituellen Abgründe zwischen den Menschen. Infolgedessen haben Bräuche und Sitten ihren Einfluß verloren, so daß viele kaum noch wissen, wie sie sich verhalten sollen. Im schlimmsten Falle führen die Isolation und Unsicherheit, unter denen die Menschen leiden, zu sinnlosen Gewaltakten, zu Kleinkriminalität, zu Drogenmißbrauch oder gar zum Selbstmord – den Geißeln unserer modernen Gesellschaft.

Neben der Rettung unserer Umwelt ist die Wiederherstellung eines Gemeinschaftsgefühls die dringendste und lebenswichtigste Aufgabe unserer Zivilisation. Ja, beide Herausforderungen hängen eng miteinander zusammen: Nur ein starkes Gemeinschaftsgefühl bringt die Menschen dazu, für ihre gemeinsame Umwelt zu sorgen. So gesehen, waren Mönche im Laufe der Geschichte stets gute Verwalter ihres Landes. Sie kümmerten sich um den Boden, pflanzten Bäume und legten Gärten an. Das klösterliche Beispiel zeigt uns die drei wesentlichen Elemente einer Gemeinschaft von Menschen. Da ist zunächst der materielle Aspekt. Menschliche Beziehungen können nicht in einem Vakuum existieren, sondern müssen von gemeinsamen praktischen Bemühungen getragen werden. Wie jeder Mönch bestätigen wird, ist es das gemeinsame Kochen in der Klosterküche oder der gemeinsame Feldgang an einem vor Kälte klirrenden Herbstmorgen, um Kartoffeln auszugraben, was Freundschaften zusammenschmiedet. Das zweite Element ist emotionaler Art. Wir alle fühlen uns am stärksten mit unseren Familien verbunden, doch das klösterliche Leben zeigt uns, daß sich auch ein tiefes Gefühl der Brüderlichkeit unter Menschen entwickeln kann, die sich freiwillig zusammengetan haben und nun, gleich den Mitgliedern einer Familie, einander in guten und bösen Zeiten zur Seite stehen. Das dritte Element ist spiritueller Art. Das gemeinsame Gebet und der gemeinsame Gottesdienst im Kloster binden Mönche und Nonnen im Geiste aneinander und rufen ihnen immer wieder ins Gedächtnis, daß jeder Konflikt, zu dem es innerhalb der Gemeinschaft kommen mag, in einer Haltung des Vergebens und Versöhnens beigelegt werden muß.

Jede Kirchengemeinde ist aufgerufen, eine Gemeinschaft zu bilden, und auch für sie gelten diese drei Elemente, um ein Band der Liebe und des Vertrauens zwischen ihren Mitgliedern zu knüpfen. Am meisten steht im Leben der Kirche natürlich der spirituelle Aspekt im Vordergrund, ist doch das Zusammentreffen zum Gottesdienst der Hauptzweck jeder kirchlichen Gemeinschaft. Die meisten Kirchengemeinden haben nur einmal in der Woche Gottesdienst, und zwar am Sonntag. Doch es ist keine Frage, daß das Gemeinschaftsleben der Kirche gestärkt wird, wenn einige Mitglieder öfter gemeinsam beten können. In unserer unsteten Gesellschaft haben christliche Kirchgänger einen deutlichen Vorteil, wenn sie sich in ein neues nachbarliches Umfeld begeben, weil sie dort direkt einen neuen Freundeskreis innerhalb der Gemeinde finden. Es ist ein Maßstab der emotionalen Gesundheit einer Gemeinschaft, daß sich ihre Mitglieder zusammen wohlfühlen, nach dem Gottesdienst miteinander plaudern oder sich gegenseitig zu Hause besuchen. Die meisten Kirchen sind ebenso groß wie alt und brauchen ständige Pflege. Wie Kirchengemeinden oft bestätigen, entsteht so manche Freundschaft dadurch, daß ihre Mitglieder sich gemeinsam bemühen, Mittel für die Erhaltung ihrer Kirche aufzutreiben oder kleinere Reparaturen selbst vorzunehmen. Manch tiefgründiges theologisches Gespräch wurde bei solchen Arbeiten geführt, wie beispielsweise beim alljährlichen Großreinemachen der Kirche.

Doch selbstverständlich besteht die Kirche nicht für sich allein. Vielmehr sollten ihre Mitglieder versuchen, in der gesamten Nachbarschaft Gemeinschaftsgeist zu wecken. Natürlich kann es die natürliche alte Stammes- oder Dorfgemeinschaft nicht mehr geben, in der die Menschen durch Notwendigkeit und Brauch miteinander lebten und arbeiteten. Doch diese Situation ist nicht ganz und gar neu. Das Klosterleben selbst entwickelte sich zu einer Zeit, als in den geschäftigen Städten des Mittelmeerraumes traditionelle Verbindungen zusammengebrochen waren, und die Klöster bewiesen, daß es möglich war, »künstliche« Gemeinschaften zu schaffen, die auf gemeinsamen Glaubens- und Wertvorstellungen beruhten. So sind auch in der heutigen Welt diejenigen Gemeinschaften am effizientesten, deren Mitglieder sich zusammengefunden haben, um ein gemeinsames Ziel anzustreben oder eine gemeinsame Liebhaberei zu pflegen. Ein Sportverein, eine Gesellschaft für Heimatgeschichte, eine Bürgerinitiative für Denkmalpflege oder ein Hundezüchterverein können der Rahmen für dauerhafte Freundschaften sein. Gläubige Menschen sollten dazu bereit sein, sich je nach ihrer Interessenlage voll in diese Gruppierungen zu integrieren. Die Einsichten, die sie ihrer Zugehörigkeit zu ihrer religiösen Gemeinde verdanken, können sich als außerordentlich hilfreich erweisen, um das Gemeinschaftsgefühl solch weltlicher Vereinigungen zu stärken.

Während des gesamten Mittelalters boten Klöster in ganz Europa sowohl schulische Ausbildung als auch Versorgung der Kranken an. Ab dem 17. Jahrhundert übernahmen Pfarrgemeinden einen Teil dieser Funktionen. Damals gründeten viele Geistliche Dorfschulen und betrieben kleine Apotheken. In unserem Jahrhundert hat weitgehend der Staat die Sorge um das Erziehungs- und Gesundheitswesen übernommen, und bis vor kurzem waren die meisten Kirchenleute der Ansicht, daß sie in diesen Bereichen keine sinnvolle Rolle mehr zu spielen hätten. Doch inzwischen ist klar geworden, daß das staatliche Gesundheits- und Erziehungswesen große Lücken aufweist und keineswegs allen Bedürfnissen Rechnung trägt. Daher besteht aller Grund zu der Annahme, daß sich der Staat eines Tages als die falsche Institution erweisen könnte, unsere Jugendlichen zu erziehen und unsere Kranken zu heilen. Jeder von uns hat in seiner Nachbarschaft kleine Gelegenheiten, diese Lücke zu schließen, und wenn wir so handeln, bereiten wir uns auf größere Anforderungen vor, die vielleicht in nicht allzu ferner Zukunft auf uns zukommen könnten. Abgesehen von den politischen Argumenten gibt es, dessen können wir sicher sein, für eine Kirche oder einen Wohnbezirk nichts Besseres, um zu einer wahren Gemeinschaft zu werden, als Aufgaben im Bereich der Gesundheitspflege und der Erziehung zu übernehmen – halten sich doch in diesen beiden Bereichen das spirituelle, emotionale und materielle Element menschlicher Gemeinschaft vollkommen die Waage.

AUFGABE

Verschaffe dir Überblick über die einzelnen Vereinigungen, denen du angehörst. Prüfe, in welchem Maße sie sich überschneiden und ergänzen, und schätze die spirituelle und emotionale Bedeutung ab, die jede dieser Vereinigungen für dich besitzt.

TREUE

Wo immer du bist, habe stets Gott vor Augen. Was immer
du tust, handle nach den Lehren des Evangeliums.
Und wo immer du lebst, stehe dort in Treue zu denen,
zu denen Gott dich gestellt hat. *Antonius*

Als Pachomius in der ägyptischen Wüste die ersten klösterlichen Gemeinschaften gründete, umgab er jeden
Klosterbezirk mit einem Zaun. War ein Mönch einmal
als volles Mitglied im Kloster aufgenommen, durfte er
das umzäunte Areal nie wieder verlassen. Auch Benedikt schrieb Ähnliches vor, allerdings war die Anwendung weniger streng. Beim Ablegen des Keuschheits-
gelübdes mußten seine Mönche und Nonnen auch geloben, für den Rest ihres Lebens ein und derselben klösterlichen Gemeinschaft anzugehören. Zwar war ihnen
gestattet, das Kloster mit Erlaubnis des Abts oder der
Äbtissin für Besorgungen, Botengänge oder im Interesse
der Mission zu verlassen, aber sie durften nicht Mitglied
eines anderen Klosters werden.

Der Mönch muß also die Gemeinschaft, in der er lebt,
als seine Familie betrachten. Bisweilen mag ihn der Zorn
auf einen seiner Klosterbrüder packen, und es läßt sich
nicht vermeiden, daß es in einer klösterlichen Gemein-

schaft, wie in jeder anderen Familie auch, erbitterte Auseinandersetzungen gibt. Doch der Mönch kann sich nicht einfach davonstehlen in der Hoffnung, vielleicht in einem anderen Kloster mehr Verständnis und Sympathie zu finden. Vielmehr muß er darum ringen, Liebe für die Menschen aufzubringen, die er eigentlich nicht mag, und Frieden zu schließen, wann immer harte Worte gefallen sind. Wie Benedikt lehrte, muß ein Mönch die anderen Mitglieder seiner klösterlichen Gemeinschaft wie seine leiblichen Brüder lieben. Wenn ein Mönch versucht ist, seine Klosterfamilie zu verlassen, sollte er bedenken, daß er die gleichen Irritationen und Dispute in jedem anderen Kloster vorfinden würde – wie auch in jeder normalen Familie.

Benedikt bezeichnete seine Klöster als »Schulen für Sünder«. Wenn jemand allein lebt, kann er sich vielleicht vorstellen, gegenüber allen anderen freundlich und liebenswürdig, ja überhaupt frei von jedem Groll zu sein. Doch wenn er sich einer Gemeinschaft anschließt und Tag für Tag denselben Menschen begegnet, kann er beobachten, daß in seinem Herzen alle Arten negativer Emotionen zum Ausbruch kommen können, die bislang dort schlummerten. Er kann beispielsweise eifersüchtig auf die größere Begabung oder den höheren Status eines anderen Mönches sein. Er ist vielleicht aufgebracht über die Zelle, die man ihm zugeteilt hat, oder die Arbeit, die man ihm abverlangt, und glaubt, daß andere besondere Vorrechte genießen, oder ihn überwältigt der Ärger über das Benehmen seiner Ordensbrüder, und er hegt Rachegedanken gegen den Mönch, der beim Chorgebet in der Kapelle stets mit seinen falschen Zähnen klappert oder sich bei den Mahlzeiten immer die größte Portion auf den Teller schaufelt. Er verachtet möglicherweise den vulgären Geschmack und den ungeschliffenen Humor seiner einfacher strukturierten Brüder und weist hochmütig deren Freundschaftsangebote zurück. Obwohl er gelobt hat, stets in Demut Gott zu dienen, plagt ihn vielleicht doch der Ehrgeiz, im Kloster ein hohes Amt zu bekleiden, um so anderen seinen Willen aufzwingen zu können. Benedikt erkannte, wie jeder andere führende Kopf der klösterlichen Bewegung, daß solche Gedanken im Herzen jedes menschlichen Wesens brodeln, das mit anderen in enger Gemeinschaft lebt. Nur in bedingungsloser Treue gegenüber den Brüdern, zu denen Gott ihn gesellt hat, kann der Mönch lernen, Neid in Bewunderung, Zorn in höfliches Entgegenkommen und Haß in Liebe umzuwandeln.

Wenn sich ein Mann und eine Frau das Eheversprechen geben, geloben auch sie, für den Rest ihres Lebens »standfest« zu bleiben. Im Gegensatz zu Benediktinermönchen und -nonnen können sie zwar mit ihrer gesamten Habe umziehen, wann immer sie wollen. Doch wie Ordensleute müssen sie einander treu sein, »bis daß der Tod sie scheidet«. Aber wie in einem Kloster gibt es auch in jeder Ehe ungute Gefühle des Zorns, der Eifersucht, der Beunruhigung und des Verletztseins – Gefühle, die in manchen Fällen bis zum Haß gehen können. Kaum ein Ehepartner sah sich noch nicht in dunklen Stunden versucht, die Partnerschaft einfach aufzugeben, weil er sich vorstellen konnte, daß es sehr viel ruhiger und angenehmer wäre, allein zu leben – oder mit einem anderen Partner. Diese Versuchung kann von einem intensiven sexuellen Verlangen begleitet sein, so daß eine Person des anderen Geschlechtes unendlich attraktiver erscheint als der eigene Partner. Doch wenn das Paar in Treue fest zusammensteht, kann auch die Ehe zur »Schule der Heiligkeit für Sünder« werden.

Mehr als alles andere hat das Bemühen um Treue mit dem Wesen der Ehe zu tun. Wie alle höheren Lebewesen besitzt auch der Mensch einen Paarungstrieb. Der Zweck dieses Triebes ist, einen sicheren Rahmen zu schaffen, um Nachkommen aufzuziehen und eine Gruppe zu gründen, die zur Nahrungsbeschaffung zusammenarbeitet. Doch wie fast jede andere Art hat auch der Mensch ein instinktives Vergnügen an der Werbung um einen Sexualpartner. Der Spaß an der Partnerwerbung hört nicht auf, wenn man einen Partner gefunden hat, sondern bleibt, immer abgeschwächter, bis ins hohe Alter bestehen. So kam die Menschheit schon in der Frühzeit der Geschichte darauf, daß dieser Konflikt sich nur lösen läßt, wenn Mann und Frau einander sexuelle und emotionale Treue geloben. Sind diese Versprechen erst einmal abgelegt, dürfen sie niemals mehr in Frage gestellt oder angezweifelt werden. Vielmehr sollte man sie als unverrückbar und unerschütterlich betrachten. So bleibt Paaren keine andere Wahl, als Frieden und guten Willen im eigenen Heim zu suchen – und wenn sie ihn nur suchen, werden sie ihn auch finden.

Wer ein Kloster besucht, ist oft über den Mangel an Kommunikation zwischen den Mönchen verblüfft. Selbst während der allabendlichen Erholungszeit, die eigentlich der Unterhaltung gewidmet sein sollte, scheinen wenige Wortfetzen und ein Räuspern auszureichen, um wahre Lachsalven auszulösen. Ähnlich sprechen Paare, die 30 bis 40 Jahre glücklich verheiratet sind, kaum mehr ganze Sätze miteinander. Doch ist diese knappe Sprache alles andere als ein Indiz dafür, daß die Liebe erstorben ist. Vielmehr zeugt sie oft von einem tiefen gegenseitigen Verständnis, und dies ist der Lohn der Treue. Dadurch, daß sie sich so hart und lange darum bemüht haben, sich lieben zu lernen, kennen sie einander bis in die intimsten Bereiche ihrer Persönlichkeit. So reicht vielleicht ein Blick oder eine Handbewegung, um außerordentlich komplexe Gefühle zum Ausdruck zu bringen, während für den Austausch von Gedanken und Ideen wenige Wendungen genügen, die für einen Fremden keinerlei Sinn ergeben. Eine Beziehung ist wahrhaft heilig, die durch Stürme und über Klippen gesegelt ist, um schließlich in so ruhiges Fahrwasser einzulaufen.

Die Forderung der Treue gilt jedoch nicht nur für Mönche und Ehepartner; sie betrifft auch alle Freundschaften sowie Dorf- und Nachbargemeinschaften. In westlichen Ländern ziehen die Menschen alle fünf bis zehn Jahre um. Jedesmal durchschneidet dies die Beziehung, die sich zwischen ihnen und ihren Nachbarn und Kollegen herausgebildet hat. Mit den Jahren kann es sein, daß der einzelne immer mehr zögert, neue Bindungen einzugehen, weil er sich gegen den Schmerz abschotten will, den ihm der erneute Bruch dieser Beziehungen beim nächsten Umzug bereitet. So haben viele von uns oft keine engeren Freunde außerhalb der eigenen vier Wände, statt dessen aber eine immer größer werdende Liste früherer Bekanntschaften, denen wir allenfalls Weihnachtskarten schreiben. Dies erzeugt nicht nur Einsamkeit und Depression, sondern führt auch dazu, daß man den Ehepartner als einzige Quelle emotionaler Erfüllung maßlos überfordert – und paradoxerweise vergrößert dies die Wahrscheinlichkeit, daß die Ehe unter dieser Belastung zerbricht.

Einige unserer Umzüge erweisen sich aus wirtschaftlichen Gründen als nötig, andere erfolgen aus echter Berufung. Doch wann immer der wirtschaftliche Aufstieg der Hauptbewegungsgrund ist, sollten wir uns fragen, ob die materiellen Vorteile die emotionalen und spirituellen Nachteile aufwiegen. Um hier zu einer Entscheidung zu kommen, könnten wir den Rat von Freunden suchen, so daß selbst dann, wenn sich der Umzug als richtig erweist, Vertrauen und Freundschaft nicht verraten werden. Mehr noch – wann immer möglich, sollten gute Freundschaften, die sich in früheren Phasen unseres Lebens herausgebildet haben, nicht nur durch eine oberflächliche Grußkarte pro Jahr gepflegt werden. Vielmehr sollte man sich gegenseitig besuchen, vielleicht zusammen in die Ferien fahren und einander in seine Gebete einschließen. All dies kann dazu beitragen, die Grenzen der eigenen kleinen Gemeinde um Hunderte von Kilometern zu erweitern. Beispielhaft ist in diesem Zusammenhang freilich nicht das benediktinische Kloster, es sind die Jesuiten und andere ähnliche Orden, die in den letzten Jahrhunderten Missionare in die ganze Welt gesandt haben. Sie haben spirituelle Standfestigkeit und Treue bewahrt, indem sie unerschütterlich füreinander eintraten und bereitwillig riesige Entfernungen zurücklegten, um zusammenzukommen. Blasen an den Füßen sind ein geringer Preis für eine loyale Freundschaft.

Schreibe an zwei oder drei Freunde auf deiner Weihnachtskartenliste, mit denen du enger befreundet sein möchtest. Schlage ihnen vor, sie zu treffen, vielleicht verbunden mit einer Einladung zu dir nach Hause.

ZÖLIBAT

Jungfräulichkeit ist keine körperliche Beschaffenheit,
sondern ein Zustand der Seele. Alle können diesen
Zustand erreichen, wenn sie Gott mit ihrem ganzen
Wesen lieben. *Theresa von Avila*

Für Mönche und Nonnen beinhaltet das Keuschheitsgelübde selbstverständlich lebenslanges Zölibat – oder,
wie oft gesagt wird, »beständige Jungfräulichkeit«.
Manche Ordensleute betrachteten das Zölibat als eine
höhere Berufung im Vergleich zur Ehe. Es gab im frühen Christentum eine Phase, in der so viele Christen im
Zölibat lebten, daß man fast befürchtete, die Kirche
werde aussterben. Doch heute akzeptieren die meisten
Ordensleute das Zölibat einfach als die ihrem Ordens-
stand gemäße Berufung und erkennen an, daß die Ehe
nicht minder harte Anforderungen an den Menschen
stellt.

Heute gilt das Zölibat im allgemeinen als ungesund
und unnatürlich. Im Fernsehen und in Illustrierten werden wir mit Bildern und Texten bombardiert, die uns
suggerieren wollen, daß eine Verbindung zwischen aus-
gelebter Sexualität und persönlicher Erfüllung besteht.
Unter dem Einfluß der Psychologie Freuds, oder besser:

einer verballhornten Version freudianischen Denkens, hat sich die Auffassung durchgesetzt, daß eine aktive sexuelle Beziehung wesentlich für das emotionale und körperliche Wohlbefinden sei. So blickt man mitleidsvoll auf alleinlebende Männer und Frauen herab, als seien sie zu verklemmt, ihre Sexualität auszuleben, oder zu unattraktiv, um einen Partner zu finden. Wer offen erklärt, er zöge ein Leben ohne Sex vor, gilt als unnormal – oder bestenfalls als jemand, der aus der Not eine Tugend macht.

Doch Enthaltsamkeit ist keineswegs unnatürlich, vielmehr ist sie der bei weitem häufigste Zustand im Leben des Menschen. In den ersten 15, 20 oder sogar noch späteren Jahren bleibt jungen Menschen beiderlei Geschlechts ohnehin das volle Ausleben ihrer Geschlechtlichkeit verwehrt, obwohl unmittelbar nach der Pubertät der sexuelle Drang besonders stark sein dürfte. Bei vielen Naturvölkern bleiben die jungen Männer bis zum Alter von 25 bis 30 Jahren allein, um als Krieger das Stammesgebiet zu verteidigen. Auch wenn ein Ehepartner stirbt, bleibt der Partner, der überlebt, gewöhnlich bis zu seinem eigenen Tod allein. Somit sind die meisten Menschen nur während eines Drittels oder der Hälfte ihres Lebens sexuell aktiv. Darüber hinaus äußern Anthropologen die Vermutung, daß sich der *Homo sapiens* aus einem pavianähnlichen Geschöpf entwickelt habe, wobei sich nur die intelligentesten und geschicktesten Männchen paaren durften, wogegen die Mehrzahl von ihnen auf die Jagd ging und ihr Leben riskierte, damit die privilegierten Männchen und ihre zahlreichen Weibchen sich satt essen konnten. Somit hängt sogar die Entwicklung unserer Gattung vom Zölibat ab.

Wie klösterliche Autoren stets gelehrt haben, bedeutet Zölibat keine Verneinung der Sexualität, sondern stellt eher eine besondere Art und Weise dar, sie zu kanalisieren. Aelred, der große Abt von Rievaulx, sprach von einer »spirituellen Umarmung« oder einem »spirituellen Kuß« zwischen zwei Mönchen oder Nonnen, der sowohl erotisch als auch rein ist. Aelred ermutigte seine Mönche zu der Erkenntnis, daß jede menschliche Beziehung ein sexuelles Element enthält, das in engen Freundschaften äußerst intensiv werden kann. Wenn man diesem sexuellen Element volles körperliches Ausleben verwehrt, richtet sich seine Energie auf die spirituellen Dimensionen der Freundschaft, so daß die beiden Mönche wahre Brüder auf dem Wege zur Heiligkeit werden. Aelred erkannte durchaus die Versuchungen, die einer solchen Freundschaft innewohnen, war er doch selbst seiner Neigung nach homosexuell. Doch er glaubte, daß Mönche, die ein feierliches Keuschheitsgelübde abgelegt hatten, gegenseitig auf ihre Stärke vertrauen könnten, der Versuchung zu widerstehen.

Das Zölibat kann also menschliche Beziehungen bereichern, indem es spirituelle Bande stärkt. Es ermöglicht auch eine Breite der Freundschaft, wie sie bei den meisten verheirateten Paaren unmöglich ist. In mancher Hinsicht ist die Ehe etwas Ausschließliches, und zwar nicht nur in sexueller, sondern auch in emotionaler Hinsicht. Durch ihr gemeinsames Bett, ihr gemeinsames Heim und die täglichen Anforderungen des Familienlebens können Ehepaare anderen nur in begrenztem Umfang Liebe und Beachtung schenken. Viele besonders gut zusammenpassende Paare fühlen sich außerdem durch ihre Beziehung so erfüllt, daß sie kaum Sehnsucht oder Bedürfnis nach Freundschaften außerhalb ihrer Ehe haben. Im Gegensatz dazu ist ein alleinstehender Mensch darauf angewiesen, daß ihn der Freundeskreis emotional trägt. Er hat sowohl die Zeit als auch den nötigen geistigen Spielraum, sich diesen Freunden zu widmen.

Aelreds älterer Zeitgenosse, Anselm von Canterbury, schuf Gebete von großer Wärme und Intimität an verschiedene Heilige und Gestalten der Bibel, die bisweilen einen recht erotischen Klang haben. Im Laufe der Jahrhunderte haben zahlreiche Mönche und Nonnen den gleichen Gebetsstil entdeckt, indem sie Körper und Seele Gott zuwenden. Auch in diesem Fall kann ein verheiratetes Paar, das seine sexuellen Bedürfnisse durch unmittelbaren Körperkontakt befriedigt, nur eine geringe Neigung für derartige Gebete entwickeln. Doch für den im Zölibat Lebenden kann sich natürliches sexuelles Verlangen in spirituelle Sehnsucht nach Gott verwandeln.

Im spirituellen und sozialen Leben der ersten Kirchen, die das Neue Testament beschreibt, spielten Gruppen von Witwen eine zentrale Rolle. Diese Witwen hatten sich für den Rest ihres Lebens der Ehelosigkeit verschrieben, so daß sie sich ganz dem Gebet und dem Dienst an Gott und den Menschen hingeben konnten. Solche Gruppen waren die Vorbilder der ersten Konvente, die überall in den Städten und Dörfern des gesamten Römischen Reichs entstanden und in denen man sich um die Kranken kümmerte und Reisende aufnahm. Ganz ähnlich gibt es heute noch in jeder Pfarrei alleinstehende Menschen – vor allem Witwen –, die das »geistliche Herz« sowohl der Kirche als auch der dazugehörigen Gemeinde bilden. Sie verrichten regelmäßig und voller Hingabe ihre geistlichen Übungen; sie bringen Gelder auf und spenden aus eigenen Mitteln großzügige Beträge für wohltätige Zwecke; sie besuchen die Kranken und Bedürftigen, geben sowohl geistliche Unterstützung als auch praktische Hilfe; ihre Häuser stehen immer offen und sind eine Stätte, wo jedem, der sich einfindet, Erfrischungen gereicht und ein freundliches Gespräch gewährt werden – und sie fragen weder nach öffentlicher Anerkennung noch nach privater Dankbarkeit.

Das Zölibat beschränkt sich jedoch nicht nur auf Alleinstehende. Ganz im Gegenteil, in *einer* ganz bestimmten Hinsicht sollte es eigentlich von uns allen praktiziert werden – und diesem Aspekt kommt immer größere Bedeutung zu: Heute ist die Mehrzahl der Frauen berufstätig. Männer und Frauen sind vielerorts Arbeitskollegen, und Freundschaften zwischen ihnen ergeben sich ganz natürlich. Doch wenn der Kollege oder die Kollegin bereits verheiratet ist, besteht die Gefahr des Seitensprungs. Daher werden solche Beziehungen im Büro und in der Fabrik oft mit Mißtrauen betrachtet. Doch wenn Mann und Frau als Freunde die Disziplin der Enthaltsamkeit für sich annehmen können, löst sich diese Gefahr auf. Sie können die sexuelle Anziehungskraft zwischen sich bejahen und sogar genießen und zulassen, daß ihre gegenseitige emotionale und spirituelle Bindung dadurch wächst. Auf diese Weise bleiben ihre Ehen unversehrt, ja können sogar noch besser werden – denn jede gute Beziehung zu einem anderen Menschen ist eine Bereicherung.

Überdenke ganz ehrlich deine sexuellen Empfindungen und frage dich, in welchem Ausmaß sie deine Beziehungen zu Männern und Frauen beeinflussen. Versuche einzuschätzen, ob deine sexuellen Empfindungen Erfüllung finden, ohne daß du sie direkt körperlich auslebst.

SEXUALITÄT

Sexualität wirft kein Licht auf die Liebe. Doch nur
durch die Liebe können wir unsere sexuellen Gefühle
verstehen lernen. *Aelred*

Mönche und Nonnen sind nicht weniger anfällig für
Neid und Mißgunst als wir alle. Wenn sie also über die
Klostermauern auf ihre verheirateten Freunde in der
Welt blicken, stellen sie sich nur allzu gern vor, daß jedes
Paar eine leidenschaftliche und erfreuliche Beziehung
unterhält. Doch auch viele Verheiratete blicken voller
Neid auf das Kloster. Scheinen sich doch Mönche eines
Lebens frei von sexueller Unruhe zu erfreuen.

Auf einige Paare können Klosterleute mit Recht eifersüchtig sein, erreichen sie doch in ihrem Eheleben ein
hohes Maß an sexueller Erfüllung. Im Liebesakt, den sie
häufig vollziehen, finden sie fast immer sexuelle Befriedigung. Für viele Paare dagegen ist Sexualität oft
eine Quelle von Frustration und Leid. Da viele Männer
mehr oder weniger impotent sind, sind sie oft unfähig,
den Geschlechtsverkehr so lange auszuüben, bis sie zum
Höhepunkt kommen. Ebenso viele Frauen sind entweder ständig oder zeitweise frigide und entziehen sich
der sexuellen Vereinigung. So trifft es nur auf eine Min-

derheit von Paaren zu, daß beide Partner einander beständig Befriedigung schenken können. In der heutigen westlichen Kultur, die so sexbesessen ist, betrachten viele Partner diese Unfähigkeit als gravierendes Versagen.

Natürlich ist der ursprüngliche biologische Zweck der Sexualität die Fortpflanzung. Doch es gehört nicht viel dazu, ein Kind zu bekommen, und so können auch Paare, die die Sexualität nur mechanisch und leidenschaftslos ausüben, Nachkommen zeugen und eine Familie werden. Außerdem sollten wir in einer Welt, die schon stark unter Überbevölkerung leidet, den gebieterischen Ruf der Natur eher unterdrücken als ihm folgen. Einige Anthropologen haben sogar die Vermutung geäußert, daß das hohe Auftreten sexueller Impotenz in der heutigen Gesellschaft möglicherweise ein Mittel der Natur sei, die Bevölkerungszahlen in Grenzen zu halten.

Sexualität hat daneben eine zweite natürliche Funktion, und dies gilt für eine ganze Anzahl höherer Lebewesen: Sie stärkt die Bindungen zwischen Mann und Frau. Sexuelle Anziehungskraft und die Freude am sexuellen Kontakt hilft, eine Partnerschaft zu schaffen und lebendig zu erhalten – eine Partnerschaft, auf der die menschliche Gesellschaftsordnung gegründet ist. Doch wie bei anderen Arten hängt auch beim Menschen die sexuelle Bindung nicht vom Geschlechtsverkehr selbst ab. Ein Mann und eine Frau können großen sexuellen Genuß schon empfinden, wenn sie sich nur ansehen und einfach zusammen sind. Und schon kleine sexuelle Aktivitäten, wie sich zu umarmen und zu küssen, können für viele sehr befriedigend sein. Tatsächlich ist die sexuelle Anziehungskraft oft dauerhafter, wenn sie nicht voll ausgelebt wird.

Eine solche Zurückhaltung ist völlig natürlich. Der menschliche Körper ist so beschaffen, daß er die Lebensphase, in der er fähig ist, Kinder in die Welt zu setzen, um 20 bis 40 Jahre überdauert. Mithin hat in dieser späteren Lebensphase der sexuelle Verkehr seinen biologischen Zweck verloren. Darüber hinaus schwindet die Potenz mit zunehmendem Alter. Deshalb ist eine ruhigere, friedlichere sexuelle Beziehung, in der sich das Feuer jugendlicher Leidenschaft zu einer warmen, beständigen Glut wandelt, völlig normal. In diesem Licht betrachtet, ist die weitverbreitete Unfähigkeit von Paaren, im Liebesakt zur Erfüllung zu kommen, kein Zeichen des Versagens, sondern nach den Jahren höchster sexueller Aktivität und Zeugungsfähigkeit Teil einer natürlichen Entwicklung. Tatsächlich sind Sexualforscher wiederholt zu dem Ergebnis gekommen, daß Paare, die ihre eingeschränkte Fähigkeit zur körperlichen Vereinigung akzeptieren und nicht als Potenzmangel betrachten, die glücklichste und harmonischste Beziehung leben.

Mönche und Nonnen sind unabhängig und enttäuschen niemanden durch ihre Entscheidung, enthaltsam zu leben. Verheiratete Paare dagegen müssen sich darin einig sein, wie sie ihre sexuelle Beziehung gestalten. Seit Anbeginn ihres Bestehens hat die christliche Kirche Paare immer wieder aufgefordert, sich entweder ständig oder auf Zeit des sexuellen Verkehrs zu enthalten. Dies geschah nicht, wie bisweilen behauptet wird, weil man Sexualität als sündhaft und schmutzig betrachtete. Ganz im Gegenteil: Die Kirche hatte von der hebräischen Tradition eine gesunde Einstellung zur Sexualität übernommen, doch frühchristliche Kirchenlehrer haben erkannt, daß für viele Menschen der sexuelle Verkehr eine Quelle der Angst und des Kummers ist und daher zu Schädigungen im spirituellen Bereich führen kann. Sexuelle Enthaltsamkeit bringe dagegen spirituellen Frieden und stärke paradoxerweise die sexuelle Bindung zwischen Mann und Frau, die ja kleine sexuelle Aktivitäten ohne Angst austauschen könnten. In Klöstern wurde aus diesen Lehren die Konsequenz gezogen, Paare, deren Kinder erwachsen waren, aufzufordern, die Ordensgelübde abzulegen. Besonders in den keltischen Kirchen Britanniens und Irlands, in denen Mönche und Nonnen oft Seite an Seite lebten, war diese Praxis verbreitet. Zahlreiche gemischte Klöster wurden von Ehepaaren bewohnt, die sich zwar geistig noch miteinander verbunden fühlten, doch körperlich völlige Enthaltsamkeit übten.

Ein verheiratetes Paar, das sich für ein Leben im Zölibat entschließt oder die Sexualität als vergleichsweise unwichtig empfindet, wird zu der Feststellung gelangen, daß Sexualität ein Element all ihrer Beziehungen ist. Mönche und Nonnen haben dies stets gewußt. Ein junges Paar konzentriert im ersten Überschwang romantischer Leidenschaft natürlich all seine sexuellen Empfindungen aufeinander und betrachtet die Sexualität als ausschließlich. Doch wenn das sexuelle Feuer zur friedlichen Glut wird, erfahren Mann und Frau ein gewisses Maß an körperlicher und gefühlsmäßiger Anziehung zu all ihren Freunden. So weitet sich ihr Ehebund aus und schließt andere ein, an ihrer Liebe teilzuhaben, wodurch ihre Liebe auch für andere zur Kraftquelle und ihr Heim ein Ort herzlichen Willkommens wird.

Klösterliche Lehrer wie Aelred von Rievaulx haben diese Lehre auch auf das Phänomen der Homosexualität angewandt. Niemand weiß, warum sich etwa ein Zehntel der Erdbevölkerung über den biologischen Zweck der Sexualität hinwegsetzt und sich ebenso stark zu Angehörigen ihres eigenen Geschlechtes hingezogen fühlt wie andere Menschen zu heterosexuellen Partnern. Vielleicht ist bei ihnen die innere Entwicklung in irgendeiner Form gehemmt, oder es liegt eine biochemische Unausgewogenheit in ihrem Körper vor. Sexuelle Aktivität ist für Homosexuelle viel angstbesetzter als für Heterosexuelle, teils weil sie oft mit einem Makel behaftet wird, teils auch wegen der größeren Schwierigkeit, die Homosexuelle haben, stabile sexuelle Partnerschaften zu bilden. Hat aber, wie Aelred lehrte, der Homosexuelle erst einmal gelernt, auf die Suche nach körperlicher Erfüllung zu verzichten, empfindet er die gleiche Befreiung wie der Heterosexuelle: Er kann die sexuellen Elemente genießen, die in all seinen Freundschaften – seien es nun Männer oder Frauen – enthalten sind. In der Tat reißt eine solche Haltung zur Sexualität die Barriere zwischen Homosexuellen und Heterosexuellen nieder, die zu soviel Intoleranz und Verfolgung geführt hat. Sexualität ist schließlich für beide Geschlechter Ausdruck der Liebe.

AUFGABE

Frage deine Partnerin oder deinen Partner, ob er oder sie mit eurer sexuellen Beziehung zufrieden ist. Stelle dir selbst die gleiche Frage. Besprich so offen wie möglich sowohl die Ursachen eurer sexuellen Befriedigung als auch etwaiger Frustration. Habe keine Angst, mehr sexuelle Kontakte vorzuschlagen, aber auch weniger Sex oder sogar eine Zeit völliger Enthaltsamkeit.

EHRLICHKEIT

Laßt jeden ehrlich seinen Brüdern seine Sorgen berichten,
damit sie ihm beistehen können. Und jeder sollte seine
Brüder lieben und für sie Sorge tragen, wie eine Mutter
ihren Sohn liebt und für ihn sorgt.   *Franz von Assisi*

Viele Klöster halten in regelmäßigen Abständen ein
»Fehlerkapitel« ab. Seine Form variiert von einer Klostergemeinschaft zur nächsten, doch es geht stets darum,
daß Mönche und Nonnen sich dafür entschuldigen, daß
sie andere verletzt haben oder nicht in Übereinstimmung mit den klösterlichen Idealen gelebt haben. Oft
sind die Fehler sehr trivial. Beispielsweise hat ein Mönch
vergessen, daß er an der Reihe mit dem Geschirrspülen
war. Allerdings kann ein solches Versehen, wie in jeder
Familie, große Aufregung hervorrufen. Doch gelegentlich kommen auch schwerwiegende Fehler ans Tages-
licht, wenn zum Beispiel der Kellermeister des Klosters
zugibt, daß er seine Position mißbraucht hat, um zusätzliche Nahrung für sich abzuzweigen, oder wenn zwei
Mönche zugeben müssen, daß sie sich während einer
Auseinandersetzung geprügelt haben. Es handelt sich
bei diesen Treffen keineswegs um eine persönliche
Beichte, bei der auf das Sündenbekenntnis die Absolu-

tion folgt: diese muß auf die Intimität des Beichtstuhls warten. Eher bietet sich dabei den Klosterbrüdern und -schwestern die Gelegenheit, sich miteinander zu versöhnen und zu untersuchen, wo das Kloster als Ganzes seinem Auftrag nicht gerecht wird.

Klösterliche Lehrer wie Aelred riefen zu einem höheren Maß an Ehrlichkeit zwischen befreundeten Mönchen auf. Liebe, so lehrt er, sei eine Illusion, solange es keine Wahrheit gäbe, denn man könne nur lieben, was man kennt. Wenn wir auf dem Weg unserer Spiritualität Fortschritte machen wollen, brauchen wir Freunde, auf die wir uns verlassen können, wenn wir ihnen unsere Freuden und Sorgen, unsere Hoffnungen und Ängste schildern – und auch ihre Herzensgeheimnisse erfahren. Eine solche ehrliche Freundschaft ist nicht immer leicht oder angenehm. Für Aelred besteht jemand dann seine Probe als guter Freund, wenn er gewillt ist, dich zu kritisieren, den Finger auf deine Fehler zu legen, dann aber zu dir zu stehen, auch wenn du auf seine Kritik zunächst mit Zorn und Abwehr reagierst. So sollten Freunde zueinander stets ganz offen sein und nicht den Versuch unternehmen, ihre Schwächen zu verbergen, um sich gegenseitig in ihrer Tugend zu bestärken und sich gegenseitig zu korrigieren.

Ein Paar benötigt kein Fehlerkapitel, um seine Unzulänglichkeiten zu erkennen. Wenn sich ein Junge und ein Mädchen erstmals verlieben, halten sie einander für vollkommen, und solange sie nur zusammen ausgehen, Parties feiern und ihre Ferien verbringen, bleibt diese glückliche Illusion bestehen. Wenn sie aber dann ein gemeinsames Heim gründen und sich im kalten Licht des frühen Morgens vor Stapeln schmutzigen Geschirrs und ungewaschener Wäsche begegnen, kann sie bald durch seine Ungeschicklichkeit und Faulheit im Haushalt zur Verzweiflung getrieben werden, während ihn ihre unmäßigen Ausgaben und kleineren oder größeren Anfälle von Eifersucht wahnsinnig machen. Doch wenn Mann und Frau ihre Schwächen genau kennen, sollten sie – wie die Ordensleute in den Klöstern – einander um Verzeihung bitten und versuchen, die Dinge besser zu machen. Der Mann muß sich bemühen, sich mit den Augen der Frau zu sehen, und umgekehrt muß die Frau lernen, sich mit seinen Augen wahrzunehmen. Auf diese Weise wird jeder dem anderen sagen wollen, daß es ihm leid tut, und lernen, seine Gewohnheiten und Einstellungen zu ändern.

Doch selbst in den ehrlichsten Beziehungen kommt es selten vor, daß Mann und Frau einander völlig verstehen. Wir brauchen also noch andere Partner auf unserem Lebensweg. Leider haben wir nicht, wie die Klosterleute, eine enge Gemeinschaft, in der wir spirituelle Partner finden können. Wahre Freunde sind uns jedoch so wichtig, daß wir eine Kirche oder eine andere soziale Einrichtung suchen sollten, die Menschen zusammenbringt und wo wir Weggefährten mit gleichen Ansichten finden können. Wir dürfen auf der Suche nach Freunden nicht mißtrauisch oder verschlossen sein, da jeder das gleiche Bedürfnis hat wie wir. Wenn eine Beziehung entsteht, sollten wir zu positiver Kritik ermutigen und um Rat fragen, um zu signalisieren, daß wir uns eine solche Ehrlichkeit wünschen.

Aelred fand leidenschaftliche Worte für die Wohltaten der Freundschaft, und zu allen Zeiten hoben Mönche und Nonnen die Bedeutung des »Fehlerkapitels« hervor.

Doch haben klösterliche Lehrer stets mit Nachdruck betont, daß übertriebene Ehrlichkeit, die über das hinausgeht, was man jemandem zumuten kann, auch Gefahren in sich birgt. Jede Sünde oder Verfehlung, die in einem »Fehlerkapitel« aufgedeckt wird, ist von da an allgemein bekannt. Deshalb muß der Sünder nicht nur mit der schmerzlichen Wahrheit über sich selbst leben, sondern auch damit, daß jeder in seinem Umkreis diese Wahrheit kennt. Für jemanden, der wenig Selbstvertrauen und Selbstachtung hat, kann dies eine große Belastung sein. Mehr noch – wenn die Stimmung in einem »Fehlerkapitel« sehr gespannt ist, kann sich die emotionale Temperatur des Klosters so erhitzen, daß die Klosterleute sich nicht mehr entspannen und ausruhen können. Bei persönlichen Freundschaften, wo die Kommunikation noch sehr viel tiefer geht, können die Probleme noch schwerwiegender werden. Wie Aelred selbst herausfand, können die Ratschläge und die Kritik, die ein Freund einem anderen gegenüber äußert, so verletzend sein, daß sie zu Selbstverachtung und Verzweiflung, nicht aber zu spirituellem Fortschritt führen. Schlimmer noch: Wo man spirituelle Einsichten teilt, sind Worte als Kommunikationsmittel häufig ganz unangemessen. Es kann daher leicht zu bitteren Mißverständnissen kommen.

Fast jedes verheiratete Paar kennt solche Schwierigkeiten. Durch das tägliche Zusammenleben sind Vorwände schnell durchschaut, und so fühlen sich Mann und Frau oft verletzbar und einander ausgeliefert. Wenn erst einmal Töne der Verachtung oder Herabsetzung angeschlagen werden, sobald ein Partner die Schwächen des anderen erkennt, können bald Angst und Selbstmitleid die Liebe trüben. Alle Ehepartner sind von Zeit zu

Zeit ungeduldig und verärgert übereinander, so daß Ratschläge oder Kritik, die konstruktiv und wohlgemeint zu sein scheinen, oft auf Zorn zurückzuführen sind. Es gibt nur wenige Ehen, in denen es keine Perioden tiefgreifender Mißverständnisse gegeben hat, wo Worte keine Gedanken und Gefühle mehr vermitteln können, so daß sich beide Partner in ihren vier Wänden isoliert und einsam fühlen.

Die klösterliche Literatur enthält viele Hinweise auf die Bedeutung des Vertrauens in persönlichen Beziehungen und lehrt, daß es um so wichtiger ist, die inneren Wahrheiten, die Menschen übereinander in Erfahrung bringen, als heilig und unverletzlich anzusehen, je tiefer, ehrlicher und spirituell kreativer eine Beziehung wird. Beim »Fehlerkapitel« gibt es eine doppelte Verpflichtung zur Verschwiegenheit: Mönche dürfen die Inhalte eines Kapitels weder an Außenstehende weitergeben noch die Inhalte des Kapitels nachträglich untereinander besprechen. So kann jeder Mönch offen im Kapitel reden, weiß er doch, daß seine Worte später nie wieder zur Sprache kommen. So sollte auch in persönlichen Freundschaften ein Mensch keinem Außenstehenden anvertrauen, was ihm in einem persönlichen Gespräch anvertraut wurde.

Doch das Vertrauen geht noch weiter und besteht nicht nur darin, daß man etwas für sich behält. Es schließt auch ein, sich darauf verlassen zu können, daß das, was man dem anderen anvertraut hat, niemals als Machtmittel oder aus Böswilligkeit mißbraucht wird. In einem Kloster gilt es als schwere Verfehlung, wenn ein Mönch, und sei es im größten Zorn, mißbräuchlich etwas weitergibt, was ein anderer Mönch ihm anvertraut hat. Ebenso ist es in einer Ehe oder unter persönlichen Freunden ein grober Verstoß gegen das Vertrauen, abfällige Bemerkungen über intim Anvertrautes zu machen.

Solch eheliches Vertrauen kann nur langsam wachsen. Man muß es anhand kleinerer Vertrauensbeweise testen, bevor man sich größere Wahrheiten anvertraut. In den letzten Jahrzehnten haben viele Menschen versucht, aus ihrer Isolation auszubrechen, indem sie an Kursen teilnehmen, die sie ermutigen, ungehemmt mit völlig fremden Menschen zu reden. Dem entspricht, daß man in der Nachbarschaft, am Arbeitsplatz und auch in der Kirchengemeinde oft mit großem Eifer nach wenigen Begegnungen enge Freundschaften einzugehen versucht. Eine plötzlich geschlossene Freundschaft kann jedoch dauerhaften Schaden anrichten, wenn vertrauliche Mitteilungen an Dritte weitergegeben werden, da dies eine Narbe des Mißtrauens hinterläßt und es schwieriger macht, künftig neue Freunde zu gewinnen. Tatsächlich gibt es eine erschreckend hohe Zahl von Menschen, die durch frühere Vertrauensbrüche so verletzt sind, daß sie keine engen Beziehungen mehr eingehen können und auf diese Weise emotional verkrüppelt sind. Ehrlichkeit zwischen Menschen erfordert Geduld und Vorsicht –, deshalb müssen Ordensleute drei Jahre oder länger als Novizen dienen, bevor sie zum »Fehlerkapitel« zugelassen werden.

AUFGABE

Frage dich, ob es jemanden in deinem Leben gibt, der dich offen und ehrlich kritisieren kann, ohne daß es eurer Beziehung schadet. Gibt es keine Person, die die Rolle der Vertrauensperson übernehmen kann, so frage dich, ob du den Mut hast, einen Priester, professionellen Berater oder engen Freund darum zu bitten.

VERSÖHNLICHKEIT

Wenn du jemandem Unrecht getan hast, indem du ihn
beschimpft, verflucht oder falsch beschuldigt hast, dann
gehe hin und entschuldige dich so rasch wie möglich.
Und derjenige, der von dir gekränkt wurde, sollte
seinerseits gewillt sein, dir zu vergeben, ohne mit dir
zu streiten. *Augustinus*

Benedikt lehrte, daß ein Mönch, der sich von einem
anderen beleidigt fühlt, den Mut haben solle, ihn anzu-
sprechen. In einer Aussprache sollten sie sich um eine
Einigung bemühen, und wenn dies nicht möglich war,
einen dritten Mönch bitten, beide Seiten anzuhören, Fragen zu stellen und sich ein Urteil zu bilden. Wenn sich
schließlich herausstellte, daß Unrecht geschehen war,
sollte sich derjenige, der es begangen hatte, bedingungslos entschuldigen, und der Geschädigte sollte zu bedingungsloser Versöhnung bereit sein. Bittet man nicht um
Entschuldigung und wird keine Vergebung gewährt, so
entsteht eine moralische und spirituelle Barriere zwischen beiden Personen. Wenn in einem Kloster immer
mehr Barrieren dieser Art entstehen, werden sich die
Ordensleute in zwei Fraktionen zu spalten beginnen, da
sich diejenigen, die sich schlecht behandelt fühlen, gegen

jene verbünden, die sie als Übeltäter ansehen. Schließlich gerät das ganze Zusammenleben der Gemeinschaft in Gefahr.

Dieses Muster von Entschuldigung und Vergebung ist von wesentlicher Bedeutung, sowohl für gute persönliche Beziehungen als auch für die Integrität jeder Gruppe. Doch die Bitte um Entschuldigung wie auch das Vergebenkönnen fallen oft entsetzlich schwer. Um sich entschuldigen zu können, muß man sich selbst erst eingestehen, daß man Unrecht getan hat. So stur ist unser moralischer und spiritueller Stolz, daß wir uns sogar innerlich schon gegen ein solches Eingeständnis sträuben. Jeder von uns kennt diesen inneren Streit, bei dem das Gewissen uns zuflüstert, wir hätten falsch gehandelt, während unser Stolz das Gegenteil behauptet. Doch selbst wenn der Stolz die erste Schlacht verliert, ist er doch wieder zur Stelle, um eine andere, sogar noch blutigere Schlacht zu schlagen – die Schlacht gegen das offene Eingeständnis falschen Handelns gegenüber dem Betroffenen. Statt bedingungslos um Vergebung zu bitten, erfinden wir jede Art von Entschuldigung und Einschränkung – dies größtenteils in der Absicht, die Schuld auf das Opfer selbst zu schieben. Wann immer wir uns selbst sagen hören, »Es tut mir leid, aber ...«, können wir sicher sein, daß Stolz unsere Bitte um Vergebung untergraben hat.

Wenn schon die Entschuldigung schwer fällt, kann Versöhnlichkeit das Ergebnis eines inneren moralischen Kampfes von wahrhaft epischem Ausmaß sein. Wie Augustinus lehrte, bedeutet Vergebung nichts anderes als anzuerkennen, daß das gleiche moralische und spirituelle Übel, das einen anderen dazu trieb, Unrecht zu tun, auch in unserem eigenen Herzen präsent ist. Um das Ausmaß dieser Erkenntnis aufzuzeigen, forderte er seine Mönche auf, sich das größte Unrecht vorzustellen, das jemand nur vollbringen könne, und dann in ihr Inneres zu schauen und sich zu fragen, ob sie imstande wären, diese Tat selbst zu begehen. Wenn wir also jemandem, der Unrecht getan hat, vergeben, so stellen wir uns selbst mit ihm moralisch auf eine Stufe. Dabei sind wir gezwungen, den einzigen Ausgleich, ja den einzigen Lohn dafür aufzugeben, daß wir Opfer des Unrechts sind: nämlich das Gefühl, dem anderen moralisch überlegen zu sein. Es verwundert also nicht, daß Augustinus seine Mönche davor warnte, daß der Stolz noch viel unerbittlicher gegen die Versöhnlichkeit ankämpft als gegen die Bitte um Vergebung.

Auch eine zweite Belohnung müssen wir aufgeben, wenn wir Vergebung gewähren. Viele von uns lernen als Kinder, daß es Sympathie einbringt, wenn man das Opfer der Ungerechtigkeiten anderer ist. Dies enthebt uns auch der Notwendigkeit, Verantwortung für unsere Situation übernehmen zu müssen, denn ein Opfer ist ja schließlich machtlos. So ist es nur allzu bequem für uns, die soziale und psychologische Technik anzuwenden, die uns als Opfer erscheinen läßt, wenn unser Leben außergewöhnlich schwierig wird und zu hohe Anforderungen an uns stellt. Der Gefühlszustand eines Opfers, das Klagen über die Fehler anderer, wird uns zur Gewohnheit, und wir empfinden dies sogar als bequem. Wenn wir aber vergeben können, bedeutet dies, daß wir aufhören, machtlose Opfer zu sein. Statt dessen werden wir zum gleichberechtigten Partner der sich entschuldigenden Person und somit in gleichem Maße wie sie verantwortlich für die Erhaltung der gemeinsamen Harmonie. Für viele von uns hat das Wort »Verantwortung« einen erschreckenden Klang.

Je enger eine Beziehung ist, um so schwieriger wird es, sich zu entschuldigen und vergeben zu können. So können insbesondere Ehepaare über Jahre hinweg ganze Berge von Groll anhäufen. Die Ursache dafür können bestimmte Ereignisse sein: Beispielsweise nimmt es ein Mann seiner Frau übel, daß sie ihm nicht zur Seite stand, als ihm eine bessere Stelle in einer anderen Stadt angeboten wurde, weil sie den Umzug scheute; oder eine Frau denkt mit nicht nachlassender Erbitterung an eine kurze Affäre, die ihr Mann vor 20 Jahren hatte. Häufiger jedoch hat die Verstimmung allgemeine Gründe. Beispielsweise ärgert man sich über den Mangel des Partners an körperlicher Zuneigung, oder man ist ständig böse aufeinander, weil zuviel Geld ausgegeben wird, wobei jeder die Ausgaben des Partners für Verschwendung hält. So können Ehen zu einem Gefängnis der Unversöhnlichkeit werden, in dem keiner die Schuld zugeben und Versöhnung gewähren kann. So liebevoll und kreativ eine Ehe in vieler Hinsicht sein kann, Groll und unausgesprochene Vorwürfe können sie allmählich zermürben.

Benedikts Vorschlag, einen dritten Mönch hinzuzuziehen, um Streitigkeiten zwischen zwei Mönchen zu schlichten, bewährt sich nicht nur im Kloster, sondern auch in der Ehe und in allen Freundschaftsbeziehungen. Wenn es um unseren Stolz geht, verstehen wir oft nicht, was andere uns sagen wollen. So kann es passieren, daß wir den Schmerz der Person, der wir Unrecht getan haben, nicht wahrnehmen können; und als Opfer verschließen wir vielleicht unser Herz für die ernsthaften

Bemühungen des Übeltäters, um Entschuldigung zu bitten. Eine dritte Person kann hier als Vermittler agieren und uns die strittigen Punkte so vermitteln, daß unser Stolz nicht verletzt ist. Dies gilt besonders für Ehen, wenn Mann und Frau rasch aufhören, auf die Gedanken und Gefühle des anderen einzugehen. Doch sollte diese Vertrauensperson nicht nur in Krisenzeiten hinzugezogen werden, wenn der Zorn seinen Höhepunkt erreicht hat und eine tiefgehende Verstimmung herrscht. In keiner Beziehung gibt es eine vollkommene Kommunikation; dafür kommt es aber in jeder Beziehung leicht zu kleinen Mißverständnissen und belanglosen durch Egoismus geschürten Zwischenfällen, die sich allerdings, wenn man sie unbeachtet läßt, so auswachsen können, daß sie den Geist der Liebe völlig ersticken. Wenn jeder von uns jemanden hat, mit dem er Dinge vertraulich besprechen kann, die ihm zutiefst Sorge bereiten, kann sich dieses »Unkraut« gar nicht erst entwickeln.

Wenn wir uns vorstellen, daß wir uns für etwas entschuldigen müssen, so kann uns dies hart und furchterregend erscheinen. Wenn wir erkennen, daß wir um Vergebung bitten müssen, kann uns das Aufgeben unserer moralischen Überlegenheit wie eine Drohung vorkommen. Doch während der Aussprache sind Entschuldigung und Vergebung Augenblicke tiefer Freude. Eine gestörte oder zermürbte Beziehung läßt sich wiederherstellen und kann sogar noch fester werden als zuvor, wenn beide Seiten auf ihren Stolz verzichten und Versöhnung suchen. Um es augustinisch auszudrücken: Die Sünde läßt sich als Teil des göttlichen Plans betrachten, um die Herzen von Mann und Frau mit Gottes heilender Gnade zu erfüllen.

Frage dich, ob es jemanden gibt, mit dem du, aus welchen Gründen auch immer, nicht versöhnt bist. Dann überlege, in welchem Maße du die Schuld für das Zerwürfnis trägst. Besuche diese Person oder schreibe ihr und entschuldige dich ohne Vorbehalte für dein falsches Verhalten. Erwarte keinerlei Entschuldigung.

KINDER

Kinder sind Boten, die Gott Tag für Tag aussendet,
um die Herzen der Menschen mit Liebe, Hoffnung
und Frieden zu erfüllen. *Franz von Assisi*

Die meisten der alten britannischen und irischen Klöster des 5. und 6. Jahrhunderts waren gleichzeitig Schulen. Lehrer waren jene Mönche, die selbst eine schulische Ausbildung erhalten hatten. Sie gaben die damals seltenen Fertigkeiten des Lesens und Schreibens weiter und brachten ihren Schülern gleichzeitig den christlichen Glauben und seine moralischen Wertvorstellungen bei. So befanden sich in einem typischen keltischen Kloster ebenso viele Kinder und Jugendliche wie ordinierte Mönche. Diese Klosterschulen waren ein wichtiges Element für die Weitergabe des Evangeliums, da oft lokale Stammesführer ihre Söhne dorthin sandten. Wenn diese Söhne dann selbst Stammesführer wurden, bekehrten sie ihre Stämme zu dem neuen Glauben. So war beispielsweise Iltut weitgehend für die Christianisierung von Wales verantwortlich, die von seiner außergewöhnlichen Klosterschule an der Küste von Glamorgan ausging. Er versammelte dort die jungen Aristokraten aus dem ganzen Land, von denen einige später selbst wieder Regenten wurden. Andere dagegen predigten als Mönche das Evangelium, darunter auch der heilige David.

Benediktinerklöster stehen als Bildungsstätten sogar heute noch in einem besseren Ruf. Einige der besten Schulen in Europa und Amerika sind Teil von Benediktinerklöstern oder wurden von Benediktinern gegründet, bevor die Reformation aus ihnen weltliche Erziehungseinrichtungen machte. Zusätzlich konnte man Kinder als »Oblaten« (Laienbrüder oder -schwestern) in ein Kloster schicken, welches dann für ihre Unterbringung, Ernährung und Erziehung voll verantwortlich war. Bevor der Staat diese Aufgabe übernahm, war dies eine verbreitete Methode, für Waisenkinder zu sorgen. Die Knaben im Kloster hatten sich an eine abgemilderte Form der Ordensregel zu halten; sie nahmen an einigen Gottesdiensten teil, aßen mit den Mönchen und beteiligten sich an der körperlichen Arbeit. Ein zusätzlicher Gewinn der klösterlichen Erziehung bestand darin, daß die Benediktiner, die oft Pionierarbeit bei der Einführung neuer landwirtschaftlicher Methoden leisteten, ihre neuen Ideen durch die jungen Männer, die aus ihren Schulen hervorgingen, überall verbreiten konnten.

Die Anwesenheit von Kindern in einem Kloster hält die Mönche bei guter Laune und macht sie aufgeschlossen – dadurch wird die klösterliche Gemeinschaft in ihren Einstellungen und Verhaltensweisen erheblich natürlicher. Natürlich gilt dies auch für die Kinder in einer Familie. Allerdings sehen sich Eltern, die sich dazu berufen fühlen, in der heutigen Welt ein Leben in Heiligkeit zu führen, in einem Dilemma, was die Erziehung ihrer Kinder angeht. Die traditionellen Vorstellungen der Ordensleute von Heiligkeit gelten heute als verschroben und exzentrisch. Ein Kind, das von Eltern erzogen wird, die sich solchen Wertvorstellungen verpflichtet fühlen, bekommt daher den Zusammenprall der Werte zu spüren, die bei ihm zu Hause, in der Schule und im nachbarschaftlichen Umfeld gelten. Da ein Kind natürlich sowohl die Anerkennung der Erwachsenen als auch die Freundschaft seiner Altersgenossen gewinnen möchte, kann dieser Zusammenprall äußerst schmerzhaft und verwirrend sein, da es dem Kind nicht gelingt, gleichermaßen Eltern, Lehrern und Altersgenossen gerecht zu werden. Die Eltern ihrerseits fühlen sich unter dem wachsenden Druck, nachzugeben und ihrem Kind zuzugestehen, sich seinen Freunden anzupassen. Am Anfang beschränken sich die Spannungen auf triviale Dinge, wie zum Beispiel den Umfang des Schokoladenkonsums – oder ob man das Naschen von Schokolade überhaupt erlauben soll – und die Höhe des Taschengelds. Doch im Laufe der Jahre kommen Probleme von größerer Tragweite hinzu, so Fragen der Ernährungsweise, des Umgangs mit Einkommen und Vermögen, der Sexualität, Gastfreundschaft und der Einstellung zur eigenen Gesundheit – all jene Punkte der mönchischen Sicht von Heiligkeit, die den herrschenden Wertvorstellungen der heutigen Kultur widersprechen.

Es gibt keine Möglichkeit für Eltern, ihren Kindern den Schmerz und die Verwirrung zu ersparen, die dieser moralische und religiöse Zusammenprall mit sich bringt. Wenn die Eltern versuchen, dem Kind seine Lage zu erleichtern, indem sie sich dem Druck beugen, wird die Verwirrung noch größer: Spürt doch das Kind, daß die Eltern sich selbst nicht treu sind. Dies verringert das

Vertrauen des Kindes in seine Eltern und vermittelt ihm auch den Eindruck, Heuchelei und Feigheit seien moralisch akzeptabel. Der richtige Kurs besteht für Eltern darin, ihren eigenen Wertvorstellungen treu zu bleiben und diese bis zur Grenze ihrer elterlichen Autorität an ihre Kinder weiterzugeben. Dies wird zwangsläufig zu Auseinandersetzungen führen, die jedoch in Ruhe ausgetragen werden müssen. Ist das Kind dann älter, wird es gelernt haben, den Mut seiner Eltern zu achten, wenn es vielleicht auch ihre Ansichten nicht teilt. Obwohl es schließlich vielleicht viele praktische Aspekte der Lebensweise seiner Eltern nicht übernimmt, wird es vermutlich vier wesentliche Elemente eines heiligen Lebens in sein Erwachsenendasein mitnehmen.

Das erste Element ist die Treue. Wie wichtig Treue in persönlichen Beziehungen ist, kann nur am Beispiel gelernt werden. Kinder von Eltern, die nicht nur verheiratet, sondern auch offen und empfänglich füreinander geblieben sind, werden selbst wahrscheinlich stabilere, verantwortungsbewußte Partnerschaften eingehen. Ebenso werden Kinder von Eltern, die einen engen Freundeskreis um sich scharen, dem sie in guten wie schlechten Zeiten die Treue halten, selbst auch den Trost und die Stärkung erfahren, den eine solche Loyalität mit sich bringt, und für sich selbst finden wollen.

Das zweite Element ist die Versöhnlichkeit. Wenn wir es schon schwierig finden, einen Erwachsenen um Verzeihung zu bitten, zögern wir doppelt, uns bei einem Kind zu entschuldigen – ganz besonders bei unserem eigenen. Wenn wir uns also zu Unrecht über ein Kind geärgert, ja es sogar mehr aus Ärger als aus erzieherischen Gründen bestraft haben, sind wir hinterher kaum bereit zu sagen, »Es tut mir leid« und um Vergebung zu bitten. Auch wenn wir selbstsüchtig unsere eigenen Wünsche vor die des Kindes gestellt haben, geben wir dies ganz selten zu. Doch es kann eine ganz wunderbare Wirkung haben, wenn Eltern es über sich bringen können, ihre Kinder um Entschuldigung zu bitten: Gewöhnlich ist das Kind sehr rasch bereit zu vergeben, und das Band der Liebe zwischen dem Kind und den Eltern wird auf eine sehr schöne Weise gestärkt. Außerdem übertragen Kinder, die von Eltern erzogen wurden, die bereit sind, zu verzeihen und um Verzeihung zu bitten, diese Praxis, wenn sie erwachsen sind, auch auf ihre eigenen Beziehungen – und schließlich auch auf ihr eigenes Verhalten als Eltern.

Das dritte Element ist die Hoffnung. Kinder, die von Eltern erzogen wurden, die sich dem christlichen Ideal verpflichtet fühlen, werden zwar als Erwachsene nicht unbedingt Christen bleiben; aber sehr wahrscheinlich bleiben sie Idealisten, die sich ihr Leben lang an Werten orientieren, die über ihre eigenen Wünsche und Bedürfnisse hinausgehen. Ebenso wurden viele der besten Christen zwar nicht in einer christlichen Umgebung erzogen, doch von Eltern mit ausgeprägten Werten und Idealen – sogar weltlichen Idealen, wie zum Beispiel jenen des Sozialismus und Kommunismus. So werden Eltern, die dem Weg der Heiligkeit folgen, ihren Kindern jenes höchst kostbare und zerbrechliche Geschenk der Hoffnung hinterlassen: Hoffnung, daß Güte und Liebe an die Stelle von Sünde und Unrecht treten, und Hoffnung, daß sich das Elend dieser Welt in Freude verwandeln kann.

Das vierte Element ist die Disziplin. Natürlich erwarten Kinder eine klare und konsequente Führung sowie ein offenes Wort über gutes und schlechtes Verhalten. Aber nur Erwachsene, die klar und konsequent nach ihren Wertvorstellungen leben, können ihren Kindern eine solche Führung geben. Eltern, die dem Weg der Heiligkeit zu folgen versuchen, müssen sich notwendigerweise selbst strenge Disziplin auferlegen; dann aber werden sie wenig Schwierigkeiten haben, auch ihre Kinder auf diesen Weg zu bringen. Wenn zur Heiligkeit auch Sanftmut und Geduld gehören, wird die Disziplin der Eltern die den Kindern angeborene Güte eher ermutigen als ersticken. In dem Maße, wie sie die Wertvorstellungen ihrer Eltern übernehmen, wird ihnen die auferlegte Disziplin zur Selbstdisziplin werden – ein wesentlicher Bestandteil eines kreativen und erfolgreichen Erwachsenenlebens, in dem sich Hoffnungen und Visionen in Realität verwandeln.

Wie die Kinder eines keltischen Klosters Prediger des christlichen Glaubens wurden, können auch unsere Kinder unsere besten Zeugen sein. Der beste Beweis für den Weg der Heiligkeit ist ein innerlich ausgeglichener, friedlicher und zielstrebiger junger Mensch. Natürlich sind unsere Kinder heute zahlreichen Einflüssen ausgesetzt, von denen viele verleitend sind. Eltern, deren Kinder auf Abwege geraten oder mürrisch und depressiv werden, sollen sich nicht mit quälenden Selbstvorwürfen belasten. Im Gegenteil – Zeiten der Beunruhigung, ja sogar der Krise sind in einer Familie die stärksten Prüfungen unserer Berufung zur Heiligkeit. Wir sollten uns nicht einmal grämen, wenn unsere Kinder unseren religiösen Glauben zurückweisen – sind doch schließlich Glaubensvorstellungen nur von Menschen geschaffene Formulierungen der göttlichen Geheimnisse, die jenseits unseres Fassungsvermögens liegen. Wenn es uns jedoch gelingt, eine gute und ehrliche Beziehung zu unseren heranwachsenden Kindern zu bewahren, und wenn diese ihrerseits vertrauenswürdig, versöhnungsbereit, hoffnungsvoll und diszipliniert sind, haben unsere spirituellen Bemühungen bereits Früchte getragen.

AUFGABE

Bist du Elternteil, Lehrer oder auf andere Weise für Kinder verantwortlich, überlege dir, was du dir unter Disziplin vorstellst. Schreibe die Grundwerte und Verhaltensweisen auf, die du fördern möchtest, und frage dich, ob du dich konsequent genug verhältst, um ein Vorbild zu sein.

ALTER

Zu wissen, wie man alt wird, ist das Meisterwerk
der Weisheit und zugleich eines der schwierigsten
Kapitel im Buch des Lebens.   *Franz von Assisi*

Ein Mönch tritt nie in den Ruhestand. Die Arbeit des Betens kann andauern, bis der Atem den Körper verläßt –
und sie dauert auch danach noch an. Sogar seine Dienste
für andere gehen wahrscheinlich bis zu ein paar Wochen
oder vielleicht nur Tage oder Stunden vor seinem Tod
weiter. Das Kloster hat für Menschen jeder Altersstufe
nützliche Aufgaben. Junge Mönche verrichten die schwe-
reren körperlichen Arbeiten, halten den Schulbetrieb
aufrecht und lehren auch außerhalb des Klosters. Ältere
Ordensleute führen die leichteren Arbeiten, einschließlich der Hausarbeit, durch, unterrichten kleinere Schul-
klassen, nehmen die Beichte ab und wirken als seelsor-
gerische Berater sowohl ihrer Brüder und Schwestern als
auch der Laien aus dem Umland. Manche der älteren
Mönche wählen vielleicht den Weg des Einsiedlers und
wohnen in einer Hütte, die in einer gewissen Entfernung
vom Kloster liegt, doch wahrscheinlich werden sie auch
dort um Rat und Hilfe aufgesucht. In den koptischen
Klostergemeinden Ägyptens und Äthiopiens gibt es eine

strenge Aufteilung der Leitung zwischen alt und jung. Man will auf diese Weise sicherstellen, daß sowohl die Weisheit der alten Ordensleute als auch der visionäre Schwung der jüngeren in den Dienst des Klosters gestellt werden. Der Abt und die anderen Würdenträger werden aus den jüngeren Mönchen gewählt; sie treffen praktische Entscheidungen und teilen Arbeit und Ressourcen des Klosters ein. Die geistliche Leitung des Klosters wählt man hingegen aus den älteren Ordensleuten, die nicht nur Mönche und Nonnen beraten, ihnen wird auch die Disziplin und die religiöse Führung der Klostergemeinschaft anvertraut.

Die klösterliche Haltung gegenüber alten Menschen unterscheidet sich nicht von der, die man ihnen in Stammesgemeinschaften entgegenbringt. In Stammesgemeinschaften säen alte Männer und Frauen weiterhin die Saat aus, züchten Vieh und bereiten das Essen zu, während sie es jüngeren überlassen, den Boden umzugraben, auf die Jagd zu gehen und das Korn zu mahlen. Großväter und Großmütter spielen mit den kleinen Kindern, während ihre Eltern der Arbeit nachgehen. Den größeren Kindern erzählen sie die Mythen und Legenden des Stammes. Die Alten haben genügend Zeit, die Kranken zu pflegen – bis sie selbst pflegebedürftig sind. Bei der Leitung des Stammes greift man auf die Erfahrung der Alten zurück und faßt keinen Beschluß, ohne zuvor ihren Rat eingeholt zu haben.

Die moderne Gesellschaft hat dagegen nur wenig oder gar keinen Platz für ältere Leute. Seit der industriellen Revolution zu Anfang des 19. Jahrhunderts arbeiten die meisten Menschen außer Haus in Fabriken oder Büros. Daher kann ein älterer Mensch nicht einfach seine Stundenzahl allmählich reduzieren und zu leichteren Arbeiten übergehen, sondern er muß sich vollkommen aus dem Arbeitsleben zurückziehen. Ebenso finden auch Erziehung und Gesundheitspflege außerhalb der Wohnung in Schulen und Krankenhäusern statt, wo geschultes Personal die Verantwortung trägt. Ältere Menschen sind also auch von diesen Bereichen ausgeschlossen. Doch schlimmer noch – da sich viele Menschen Hunderte von Kilometern von ihren Familien entfernen, um Arbeit zu finden, leben auch die Großeltern weit entfernt von ihren Enkelkindern, an deren Erziehung sie keinerlei Anteil mehr haben. Auch der moderne Staat schenkt der Lebenserfahrung älterer Menschen kaum noch Beachtung. Wenn also jemand das Alter erreicht hat, um in den Ruhestand zu gehen, wird er von jeder produktiven Aktivität ausgeschlossen und somit verdammt, den Rest seines Lebens nutzlos seine Zeit zu verbringen.

Doch aus der Schwäche gemeinschaftlicher Bindungen in unseren Städten und Dörfern und der sich daraus ergebenden Einsamkeit und Isolation vieler Menschen erwächst den Alten eine Aufgabe von unschätzbarer Wichtigkeit – wenn wir sie nur dazu ermutigen und dabei unterstützen würden. Jeder, der mit dem klösterlichen Leben vertraut ist, kann bestätigen, daß die älteren Ordensleute der Kitt sind, der die Gemeinschaft zusammenhält. Ganz ähnlich könnten die Älteren auch innerhalb einer Nachbarschaft bewirken, daß eine bloße Anhäufung von Häusern zu einer echten Gemeinschaft von Menschen wird. Zunächst einmal haben sie ja genug Zeit, um zu reden und Kommunikationskanäle zu werden. Sie könnten Kranke besuchen und Mitmenschen, die an Depressionen und anderen Arten geistiger Stö-

rung leiden – von denen es mehr gibt, als wir uns vorstellen. Sie könnten sich auch der Kinder in ihrem
Wohngebiet annehmen, und wenn ein Kind im Lesen
und Rechnen zurückbleibt, könnte ihm eine ältere Person Nachhilfeunterricht geben. Sie könnten örtliche Vereinigungen organisieren, Menschen mit gemeinsamen
Interessen zusammenbringen und eine wichtige Rolle
bei der Feier gesellschaftlicher Ereignisse spielen, ja vielleicht könnten sie sogar eine Stadtteilzeitung heraus-
geben, um die Menschen ihres Wohnbezirks über lokale
Ereignisse zu informieren.

Es gibt Dörfer und Wohnbezirke in Städten, wo es alten Menschen gelungen ist, auf diese Weise Gemeinschaft zu schaffen. Gewöhnlich haben ein oder zwei beliebte und beherzte ältere Personen in diesem Bereich
Pionierarbeit geleistet, und andere sind ihnen gefolgt.
Selbst wenn die Pioniere sterben, ist bereits eine Tradition geschaffen, so daß die Arbeit fortgesetzt werden
kann. Doch in den meisten Städten und Wohnbezirken
haben die älteren Leute zu wenig Selbstvertrauen, und
sie werden zu wenig oder gar nicht ermutigt, Gemein-
sinn ins Leben zu rufen. Hinzu kommt, daß viele alte
Menschen in der psychologischen Falle ihres Lebens im
Ruhestand gefangen sind. Sie weigern sich daher, ehrenamtlich für die Gemeinde tätig zu sein, womit sie gleichzeitig in Kauf nehmen, nutzlos zu bleiben. Die Gaben
der Weisheit älterer Menschen offenbaren sich aber erst,
wenn sie aufhören, den Ruhestand als das Ende jeglicher
Aktivität zu betrachten, und wenn wir begreifen, wie
sehr wir sie brauchen.

Das Alter bringt auch besondere Herausforderungen
und möglicherweise Probleme in der Ehe mit sich. Wenn

die Kinder das Elternhaus verlassen, sind Mann und Frau zum erstenmal nach etwa einem Vierteljahrhundert wieder allein. Dies bedeutet, daß manche Paare sich erneut ineinander verlieben, ihre Nähe genießen und daß auch in ihre sexuelle Beziehung neuer Schwung kommt. Andere Paare spüren dagegen, daß sie durch die langen Jahre der Kindererziehung aufgehört haben, miteinander zu kommunizieren und sich allmählich auseinandergelebt haben, so daß sie sich nun, wenn sie sich am Tisch gegenübersitzen, nichts mehr zu sagen haben. Vielleicht versuchen sie, ihre Partnerschaft wieder zu beleben, indem sie häufiger miteinander verreisen, gemeinsamen Hobbys nachgehen, gleiche Interessen pflegen und enger als bisher bei der Pflege von Haus und Garten zusammenarbeiten. Zu ihrer großen Überraschung und Freude entdecken sie dann vielleicht die Liebe wieder, die sie einst zusammenführte. Doch trotz allen guten Willens bleibt manchen die traurige Erkenntnis nicht erspart, daß ihre Ehe eine Quelle gegenseitiger Unterdrückung geworden ist und jeder sich durch die Bedürfnisse und Erwartungen des anderen erstickt fühlt.

Eine solche Schlußfolgerung sollte jedoch nicht unbedingt als Nachteil betrachtet werden, sie enthält auch eine Chance. Wir alle haben schon beobachtet, daß Menschen nach dem Tode eines Ehegatten förmlich aufblühten und zunehmend mehr Selbstvertrauen und Energie hatten. Eine Witwe um Mitte Sechzig beginnt vielleicht, ausgedehnte Reisen zu unternehmen, anspruchsvolle Kurse an lokalen Bildungseinrichtungen zu belegen oder in der Öffentlichkeit mitreißende und geistreiche Reden zu halten. Wenn man sie dann fragt, warum sie nichts davon schon früher getan hat, antwortet sie vielleicht, ihr Ehemann habe es nicht gewollt. Oder einfacher noch: Es befriedigt sie außerordentlich, Aufgaben zu übernehmen, die ihr Ehemann früher zu erledigen pflegte, zum Beispiel sich um die Haushaltsfinanzen oder um den Garten zu kümmern. Ebenso blühen Witwer vielleicht auf und werden hervorragende Köche, wenn ihnen erst einmal der Weg in die Küche offensteht. Freilich – wenn wir Witwen und Witwer so aufblühen sehen, können wir nicht umhin zu bedauern, daß sie offenbar ihre Chancen nicht schon zu Lebzeiten ihrer Ehepartner wahrgenommen haben.

Wir alle, die verheiratet sind, sollten, wenn wir unsere Lebensmitte überschritten haben, unsere Beziehung überprüfen und uns Gedanken darüber machen, auf welche Art und Weise wir unbewußt unseren Lebenspartner unterdrücken. Dann darf es uns aber nicht an Großzügigkeit fehlen, einander freizugeben. In manchen Klöstern überprüfen Mönche alle paar Jahre die Verteilung der Aufgaben, um sicherzugehen, daß die Begabungen der einzelnen nicht vergeudet werden. Diese Prüfungen enden damit, daß manche Aufgaben neu verteilt werden, so daß sich neue Talente entwickeln können. Auf ähnliche Weise läßt sich eine Ehe neu beleben, wenn die Aufgabenverteilung geändert wird – die Frau kann fortan die Finanzen übernehmen, der Mann dagegen das Kochen und Putzen. Abgesehen davon, daß auf diese Weise jeder neue Fähigkeiten entwickelt, werden sie einander besser verstehen, denn sie werden von nun an aus Erfahrung wissen, was die jeweilige Arbeit des anderen mit sich bringt.

Außerdem ist es oft besser für ein älteres Paar, öfter getrennte Wege zu gehen und erfreuliche Dinge weiterhin gemeinsam zu tun, sich aber gegenseitig die Freiheit zu lassen, unterschiedlichen Interessen nachgehen und neue Freundschaften schließen zu können. So kann es am besten sein, getrennte Ferienreisen zu unternehmen oder die Wochenenden mit unterschiedlichen Aktivitäten zu verbringen, so daß jeder ganz nach seinem Geschmack seinen Interessen nachgehen kann. Es kann auch eine große psychologische Erleichterung bedeuten, getrennte Schlafzimmer zu haben, was möglich sein dürfte, nachdem die Kinder das Elternhaus verlassen haben. Getrennte Schlafzimmer müssen nicht das Ende sexueller Aktivitäten bedeuten, sondern können sogar ein Element romantischer Spannung in eine Beziehung einbringen. Doch selbst, wenn die Ehe zum Zölibat geworden ist, kann man einander noch immer durch Körperkontakte Zuneigung bekunden und seelische Unterstützung gewähren. Übrigens ändern sich bisweilen unsere Schlafgewohnheiten auf unterschiedliche Weise, wenn wir älter werden. Man schläft daher allein oft gesünder als zu zweit.

Bei Paaren, die die Mitte des Lebens überschritten haben, steigen die Scheidungsraten rapide. Doch die Ehe ganz aufzulösen ist nicht nur unnötig, sondern sehr viel schädlicher, als man es sich auf den ersten Blick vorstellt. Ein Mönch mag noch so wenig mit den meisten seiner Brüder gemeinsam haben, und doch kann er ihnen gegenüber loyal bleiben, indem er den rechten Ausgleich zwischen Alleinsein und Zusammensein, zwischen Zurückgezogenheit und Geselligkeit findet. Wenn er die Gemeinschaft verläßt und dadurch das Vertrauen bricht, das sie verbindet, weiß er, daß es ihm sehr schwerfallen wird, jemals wieder einem anderen Menschen zu vertrauen. Ebenso hinterläßt auch eine Scheidung tiefe Narben des Mißtrauens, die niemals gänzlich verheilen. Die Ehe kann fast immer gerettet werden, wenn man es schafft, ein ausgewogenes Verhältnis zwischen Zusammen- und Alleinsein herzustellen.

AUFGABE

Überlege, wie du im Laufe der letzten zehn Jahre deine Einstellungen, Wertmaßstäbe und Fähigkeiten geändert hast. Spiele in Gedanken alles durch und versuche dir vorzustellen, wie du dich vermutlich in den nächsten zehn Jahren verändern wirst. Dann frage dich, welchen Erfolg du haben wirst, wenn du dein Lebensmuster den Veränderungen in dir anpaßt.

GASTFREUNDSCHAFT

Alle Gäste sollten willkommen geheißen werden wie
Christus selbst ... Wenn sie kommen und gehen, sollten
sie mit größter Achtung und Höflichkeit behandelt
werden ... Und unsere besondere Fürsorge sollte den
Armen und Betrübten gelten, denn ihre Erfordernisse
sind Christi Erfordernisse.   *Benedikt*

Als Sankt Antonius hinaus in die Wüste zog, hoffte er,
den Rest seines Lebens allein zu sein. Doch innerhalb
weniger Monate hatte man ihn ausfindig gemacht und
suchte ihn auf, um seinen Rat zu erbitten. Wenn er allein
sein wollte, mußte er fortan immer wieder von Höhle zu
Höhle ziehen, um seinen Verfolgern zu entkommen.
Ähnlich erging es dem heiligen Cuthbert. Als dieser
nach Farne Island segelte und dort sein eigenes Getreide
anzubauen begann, hoffte er, niemals mehr eine Men-
schenseele zu sehen. Aber bald entstand ein ständiges
Kommen und Gehen von Menschen, die bereit waren,
die Fahrt über die rauhen Gewässer zu wagen, um mit
dem frommen Abt zu sprechen. Also sah St. Cuthbert
sich gezwungen, ein Haus zu bauen, um die Besucher
aufnehmen zu können. Nach dem Bericht Bedas brachten sogar Vögel Schmierfett herbei, mit dem Cuthbert

zum Zeichen seiner christlichen Demut die Schuhe seiner Besucher putzen konnte. Diese Gastfreundschaft ist untrennbar mit dem klösterlichen Leben verbunden, auch bei Mönchen, die ein Einsiedlerleben führen.

Als Pachomius und später Benedikt klösterliche Gemeinschaften gründeten, trafen sie daher von Anfang an Vorkehrungen für die Aufnahme von Gästen. Sie lehrten, daß die Mönche Christus selbst bei sich willkommen hießen, wenn sie Gäste empfingen, da sein Geist in jedem Menschen gegenwärtig sei. Deshalb verlangten sie von ihren Mönchen, Gästen Achtung und Ehrfurcht entgegenzubringen. Doch Benedikt erlebte auch große Enttäuschungen mit schwierigen Gästen und riet daher seinen Mönchen, auf der Hut zu sein. Kamen doch manche ohne jegliche spirituelle Absicht nur, um sich im Kloster satt zu essen und im Warmen zu schlafen. Andere kamen sogar in der Absicht, der klösterlichen Gemeinschaft Schaden zuzufügen, indem sie unter den Mönchen Gerüchte verbreiteten und Streit schürten. Außerdem kann schon die steigende Anzahl der Gäste das Leben der Ordensleute stören und sie durch ihre praktischen Bedürfnisse sowie Zeit für Gespräche vom Gebet und von der Arbeit abhalten. Deshalb haben die meisten Klöster seit Benedikts Zeit ein eigenes Gästehaus errichtet, das in der Regel in gewisser Entfernung von den Hauptgebäuden steht. Ein bestimmter Mönch ist als Gästemeister eingesetzt. Er wird dabei von anderen Mönchen unterstützt, die für das Wohl der Gäste sorgen, ohne daß die Klostergemeinschaft insgesamt gestört wird. Außerdem können Gäste nicht jederzeit ein Gespräch mit einem Mönch führen, sondern müssen sich vom Gästemeister einen Termin geben lassen. So ist es möglich, sehr viele Gäste aufzunehmen, ohne die Integrität des Klosters zu stören. Besucher, die die Klosterruhe stören wollen oder sonst in einer üblen Absicht gekommen sind, können so nur wenig Schaden anrichten.

Diejenigen unter uns, die in der Welt nach Heiligkeit streben, üben auf andere nicht die gleiche Faszination aus wie Mönche in Höhlen oder Klöstern. Doch für uns alle gibt es bescheidene Möglichkeiten, Gastfreundschaft zu zeigen. So können wir neue Nachbarn zum Essen einladen und ihnen vielleicht auch anbieten, für sie mit zu kochen, bis sie ihre eigene Küche haben. Außerdem können wir Nachbarn anbieten, auf ihre Kinder aufzupassen, wenn sie ihre Einkäufe erledigen. Wir können diejenigen, die einsam und niedergeschlagen sind, wissen lassen, daß sie stets auf eine Tasse Tee und auf einen kleinen Plausch bei uns hereinschauen können. Wenn es sich erst herumspricht, daß wir gern Gäste aufnehmen, wird es nicht an Menschen fehlen, die den Weg zu unserer Tür finden.

Eine Erfahrung der Ordensleute in Klöstern können auch wir machen: daß unsere Gäste uns Segen bringen. Ihre Gedanken und Einsichten können uns Anregungen geben, und ihre Wärme und Anerkennung können uns ermutigen. Allerdings sind wir nicht weniger verwundbar als die Mönche im Kloster. Auch wir können durch die Anwesenheit Fremder so gestört werden, daß unser eigener Rhythmus von Gebet, Arbeit und Entspannung verlorengeht. Gäste, die mehrere Tage hintereinander bei uns übernachten, können uns im höchsten Maße erschöpfen, da sie uns das Gefühl geben, wir müßten ihnen von früh bis spät zur Verfügung stehen. Wir können zudem beobachten, daß wir durch die ständige Bereitschaft, Hilfsbedürftigen zur Verfügung zu stehen, allmählich von ihrem Leid angesteckt werden, so daß wir am Ende selbst unglücklich sind. Es läßt sich nicht vermeiden, daß auch wir von Zeitgenossen ausgenutzt werden, denen es um nichts anderes geht als um ein warmes Essen und ein bequemes Bett.

Jeder von uns muß sich darüber klarwerden, wo seine Grenzen sind, wie Benedikt seinen Mönchen nahelegte, und entsprechend handeln. Es ist keine Schande, wenn wir beschließen, keine Fremden bei uns aufzunehmen, wenn uns die Belastung zu groß wird. Es ist vielleicht richtig, die täglichen Zeiten einzuschränken, in denen Besucher gern gesehen sind, um unseren normalen Tagesrhythmus aufrechtzuerhalten. Es ist auch besser, nur einem oder zwei Menschen, denen es schlecht geht, Unterstützung anzubieten und ihnen wirksame und verläßliche Hilfe zu gewähren, als unter dem Streß, zu vielen helfen zu wollen, zusammenzubrechen. Unsere Gastfreundschaft derart einzuschränken mag bisweilen hartherzig erscheinen. Wie man manchmal Klöster kritisiert, weil sie sich Gäste vom Leibe halten, kann es sein, daß man auch uns für herzlos hält, weil wir uns weigern, jederzeit jeden willkommen zu heißen. Doch im tiefsten Inneren wissen wir, daß wir so gastfreundlich sind, wie unsere Kräfte und unser innerer Gleichmut es erlauben. Derartige Kritik müssen wir einfach mit einem Achselzucken abtun. Im übrigen sind diejenigen, die so über uns urteilen, wahrscheinlich selbst keine Musterbeispiele für Gastfreundschaft – wenn sie ein offenes Haus hätten, wüßten sie, welche Schwierigkeiten dies bereiten kann.

Die Zeit, in der Gastfreundschaft am nötigsten ist, uns aber am schwersten fällt, ist Weihnachten. Im letzten Jahrhundert ist Weihnachten in den westlichen Ländern weitgehend zu einem Familienfest geworden, bei dem sich Familien zusammenfinden, um zu essen, zu trinken, miteinander zu plaudern – und fernzusehen. Ein Gast, der nicht bereits ein enger Freund der Familie ist, kann in dieser Zeit leicht als Eindringling empfunden werden. Doch indem wir dem Weihnachtsfest einen dermaßen privaten Charakter gaben, haben wir die Weihnachtstage zu einer Zeit gemacht, in der all die, zu denen keine Familie kommt oder die selbst zu keiner Familie gehen können, ihre Einsamkeit ganz besonders spüren. Da hilft kein Beschönigen – diese private, selbstsüchtige Art, Weihnachten zu feiern, grenzt an Blasphemie. Ein zentrales Element der Weihnachtsgeschichte ist, daß man Maria und Josef die Gastfreundschaft verweigerte, so daß Gottes Sohn in einem Stall geboren wurde. Zur wahren Feier der Weihnacht gehört also die Öffnung unserer Häuser und Wohnungen für die Einsamen – und damit heißen wir Gottes Sohn in unseren Familien willkommen. Wer immer Weihnachten in einem Franziskanerkloster gefeiert hat, wo Landstreicher zusammen mit den Mönchen Weihnachtsgans und Weihnachtsstollen aßen, wird wissen, daß eine so offene Weihnachtsfeier sehr viel mehr Freude und Zufriedenheit bringt als ein abgeschottetes, muffiges Familienweihnachten vor dem Fernseher.

Andere Menschen bei sich zu Hause aufzunehmen ist nicht die einzige Form der Gastfreundschaft. In der Regel schreiben Mönche und Nonnen sehr gerne Briefe und führen sowohl mit persönlichen Freunden als auch mit Ratsuchenden einen ausgedehnten Briefwechsel. Bisweilen kann ein Brief ein geeigneteres Mittel sein, Rat und Aufmunterung zu geben als ein direktes Gespräch, denn der Empfänger des Briefes hat Stunden oder gar Tage Zeit zum Überlegen, bevor er antwortet. Dies kann besonders wichtig sein, wenn der Ratschlag hart und unbequem ist. Bei einer direkten Auseinandersetzung könnten vorschnelle Reaktionen aus gekränkter Eitelkeit und zorniger Selbstrechtfertigung jedes Nachdenken über die Berechtigung eines solchen Ratschlages unmöglich machen. Doch beim schweigenden Lesen und Nachdenken über einen Brief ist die Wahrscheinlichkeit viel größer, daß ein solcher Ratschlag aufgegriffen wird. Leider ist die Kunst des Briefeschreibens im Laufe der vergangenen Jahrzehnte immer mehr verlorengegangen. Zu viele halten sie für langweilig und geistlos. Doch lehrt der veröffentlichte Briefwechsel zahlloser Mönche und anderer Gestalten der Religionsgeschichte, daß sich ein bemerkenswertes Maß an Vertrautheit mit Hilfe der Feder erreichen läßt. Wie zahlreiche Mönche und Nonnen, sollten auch wir uns überlegen, ob wir nicht jede Woche eine gewisse Zeitspanne für unsere Korrespondenz einplanen, so daß das Briefeschreiben aufhört, eine unwillkommene Unterbrechung unseres hektischen Terminplans zu sein, sondern statt dessen selbst ein Teil davon wird.

Wie Benedikt lehrte, sollte die Grundlage unserer Gastfreundschaft das Gebet sein. Wenn wir für diejenigen, die uns besuchen, aber auch für jene, die uns schreiben, beten, heißen wir sie aufrichtig in unserem Herzen willkommen.

AUFGABE

Überdenke und liste die Personen auf, die du während des vergangenen Monats zu Besuch hattest. Frage dich, ob du ihnen einen warmen und großzügigen Empfang bereitet hast. Wenn du genügend Platz hast, dann stell dich darauf ein, ein oder zwei Personen, die sonst allein wären, zum nächsten Weihnachtsfest einzuladen – sei es für den Weihnachtstag selbst oder für die gesamte Weihnachtszeit.

Mission

Wer anderen das Evangelium bringen will, muß ein Herz
und einen Verstand haben, in denen das Feuer der Liebe
brennt.   *Ignatius von Loyola*

Britannien und Irland wurden im 5. und 6. Jahrhundert
durch das Netz der Klöster christianisiert, die die großen
keltischen Heiligen errichtet hatten. Patrick begründete
sein Kloster in Armagh, und gleichzeitig errichtete die
heilige Brigida ihren Konvent in Kildare. Beide unter-
richteten Kinder, nahmen zahllose Fremde auf und pfleg-
ten Kranke. Innerhalb weniger Jahrzehnte waren plötzlich in ganz Irland Hunderte gleichartiger Gemeinschaften entstanden, die das Evangelium in die entlegensten
Gegenden brachten. Columba trug das klösterliche Ideal
nach Schottland, wo es sich ebenso rasch verbreitete, und
einer seiner Schüler, Aidan, gründete das Kloster auf
Lindisfarne, einer Insel vor der Küste von Northumbria,
von wo sich das Evangelium in Nordengland ausbrei-
tete. Inzwischen hatten auch Iltut und David Ordensgemeinschaften in Wales gegründet, die ihrerseits zahllose Nachahmer anregten. Die Christianisierung Deutsch-
lands, Frankreichs sowie, einige Jahrhunderte später, Ruß-
lands folgte einem ähnlichen Muster.

Grundlage der missionarischen Kraft, die von diesen Klöstern ausging, war die spirituelle, emotionale und materielle Qualität des Ordenslebens. Fremde konnten kommen und sehen, daß Mönche miteinander in Frieden und Harmonie lebten und ihre Probleme nicht durch Kampf, sondern durch Gebet und gemeinschaftliches Tun lösten. Dies wiederum ermöglichte ihnen, äußerst effiziente Arbeit bei der Rodung von Wäldern und beim Anbau von Nutzpflanzen zu leisten, so daß sie über genügend Nahrung für ihren Eigenbedarf verfügten und auch noch den Notleidenden helfen konnten. Der greifbare Erfolg ihrer Lebensweise gab den Mönchen großes Vertrauen zu sich selbst und ihrem Glauben, so daß sie, wenn sie in die Dörfer des Umlandes hinausgingen, mit echter Überzeugungskraft von der Liebe Christi predigen konnten. Bald schon zweifelte kaum noch jemand daran, daß das Christentum der Weg zu diesseitiger Zufriedenheit sowie zur Glückseligkeit im Jenseits sei.

Im 7. Jahrhundert war praktisch ganz Europa zumindest dem Namen nach christlich, so daß der frühe Missionseifer nachließ. Doch im 12. Jahrhundert trat eine neue Generation klösterlicher Missionare in Erscheinung: die Angehörigen der von Franziskus und Dominikus gegründeten Bettel- und Predigerorden. Sie bildeten kleine Gemeinschaften, die von Ort zu Ort wanderten, um das Evangelium zu predigen. Während die Kirche insgesamt selbstgefällig und korrupt geworden war, suchten diese heiligen Bettelmönche in jeder Hinsicht das Leben Christi und seiner Apostel nachzuahmen. Sie lebten nach einer einfachen Ordensregel, die ihnen jede Art von Besitz untersagte, so daß jede Gabe, die sie empfingen, unmittelbar an die Armen weitergegeben wurde.

Kein Wunder, daß sie ungeheure Beliebtheit und die Achtung der einfachen Leute erlangten und so den christlichen Glauben wiederbeleben konnten.

Heute fühlen sich viele durch den Missionsgedanken irritiert. Das Wort an sich ruft Vorstellungen von wagemutigen jungen Helden und unternehmungslustigen älteren Damen hervor, die im letzten Jahrhundert ins finsterste Afrika aufbrachen, oder von Massenveranstaltungen, bei denen begnadete Prediger Menschen dazu brachten, aus der Menge hervorzutreten und Jesus als ihren persönlichen Retter anzunehmen. Mag sein, daß wir beide Formen der Mission bewundern, doch selbst fühlen wir uns nicht berufen, in tropischen Gegenden zu leben oder öffentliche Reden zu halten. Andererseits nehmen wir aber wahr, daß die Mehrzahl der Menschen, mit denen wir zusammenkommen, zunehmend weniger religiösen Glauben haben und religiösen Werten gleichgültig gegenüberstehen. Je enger unser Verhältnis zu unseren Nachbarn wird, desto mehr festigt sich in uns die Überzeugung, daß gelebter Glaube ihre Unzufriedenheit in Freude verwandeln könnte.

Zwar waren einige jener frühen Ordensleute bedeutende Redner, doch die meisten waren schlichte Menschen, vergleichsweise ungebildet und ohne rhetorische Begabung. Doch es waren nicht Worte, die die Menschen in ihrer Umgebung von der Wahrheit des Evangeliums überzeugten, sondern das persönliche Vorbild. Wenn wir noch weiter in der Geschichte zurückgehen, stellen wir fest, daß die Hauptanziehungskraft des Christentums in den ersten zwei oder drei Jahrhunderten vom christlichen Familienleben ausging. Viele Menschen im Römischen Reich sahen mit Verachtung auf diese seltsame Religion aus Palästina herab. Sie war für sie eine plumpe Erfindung irregeleiteter Bauern. Ebenso blickt man heute vielfach mit snobistischer Gleichgültigkeit auf Christen herab. Doch als man bemerkte, wie gut christliche Männer ihre Frauen behandelten, wie geborgen und glücklich ihre Kinder waren und wie die Christengemeinde in Zeiten der Not ihre Mitglieder unterstützte, begann man den jüdischen Propheten ernster zu nehmen, dessen Lehren ein solches Verhalten bewirkt hatten. Die sichtbaren Früchte des Glaubens gewannen bald über intellektuelle Zweifel die Oberhand, so daß das Christentum, als es Anfang des 4. Jahrhunderts zur offiziellen Religion des Römischen Reiches wurde, von der Mehrzahl der Bürger bereits freiwillig angenommen worden war.

Auch wir sind zu dieser Art von Mission aufgerufen – gilt doch für uns alle der Aufruf zu einem Leben in Heiligkeit. Wenn wir unsere Familie und unsere Freunde lieben und ihnen die Treue halten, dann sind wir Missionare, die von der Liebe und der Treue, an die wir glauben, Zeugnis geben. Wenn wir, wie die keltischen Ordensleute, unsere Liebe und Treue dadurch äußern, daß wir Fremde bewirten und jene besuchen und pflegen, die in unserer Umgebung krank oder in Not sind, dann hat unser Zeugnis um so größere Kraft. Man verlangt von uns nicht, unsere guten Taten zur Schau zu stellen oder irgendwie die Aufmerksamkeit auf uns zu ziehen. Ein solcher Stolz widerspräche unserem Glauben. Vielmehr werden die Menschen durch unser Leben sehen, was Glaube bedeutet.

Klöster haben, was die Mission betrifft, einen besonderen Vorteil, weil der Besucher hier sehen kann, wie der christliche Glaube in jedem Aspekt des Alltagslebens verwirklicht wird. Der christliche Laie dagegen, der seine Wohnung verläßt, um in sein Büro oder die Fabrik zu gehen, muß sich weitgehend den unvollkommenen Maßstäben der Welt anpassen. Allerdings stellt die örtliche Kirchengemeinde einen sichtbaren, offenen Rahmen dar, wo jeder in kleinem Ausmaß seinen Glauben öffentlich praktizieren kann. Jeder von uns sollte sich darum bemühen, dafür zu sorgen, daß seine Gemeinde von ihren Geldern angemessenen Gebrauch macht, die Umwelt schont und für die Notleidenden sorgt. Wir sollten auch sicherstellen, daß neu Hinzukommende herzlich aufgenommen werden – nicht, indem wir sie mit wohltönenden Phrasen überhäufen, sondern einfach unserer Freude darüber Ausdruck geben, daß sie in unserer Mitte sind.

Missionare, die in tropischen Ländern wirken, und Prediger auf Massenveranstaltungen werden oft danach beurteilt, wie hoch die Zahl der »Bekehrten« als Ergebnis ihrer Bemühungen ist. Viele von ihnen bewerten sich auch selbst so. Die Art der seelsorgerischen Mission, zu der wir alle aufgerufen sind, läßt sich nicht an starren Ziffern messen. Wenn wir uns an unseren eigenen Weg zu einem lebendigen Glauben erinnern, wird uns bewußt, daß viele Menschen dazu beitrugen, unsere Herzen zu öffnen, wenn es auch vielleicht nur eine einzelne Person war, die uns den entscheidenden Schritt tun ließ. Die meisten dieser Menschen haben keinerlei Ahnung von dem unschätzbaren Dienst, den sie uns erwiesen haben. Umgekehrt mag unser eigenes Zeugnis der Liebe und des Glaubens keine wirklichen Bekehrungen verursachen, doch vielleicht gibt es zahlreichen Menschen

Anregung für ihren spirituellen Weg. Wir werden vielleicht nie erfahren, wieviel Gutes wir tun – dies bewahrt uns vor der Versuchung des Hochmuts.

AUFGABE

Versetze dich in die Situation eines Nachbarn, der deine Lebensweise beobachtet, und frage dich dann, ob sie Anziehungskraft ausübt und andere überzeugen kann.

DRITTER TEIL

GEHORSAM

GEBET

Der Zweck des Gebetes ist es, Gott einzuladen, in uns
zu wohnen. Deshalb ist unser größtes Verlangen, stets
seinem Willen zu gehorchen. Der Geist wird so zum
Tempel Gottes, und die Seele wird sein Freund. *Basilius*

Basilius, der große Ordensgründer der Ostkirche, lehrte,
daß jeder Augenblick im Leben eines Mönchs vom Gebet erfüllt sein sollte. Ein Mönch solle beten, wenn er aus
dem Schlaf erwacht, beten, wenn er seine Mahlzeiten
einnimmt, beten, wenn er auf den Feldern arbeitet, beten, während er mit seinen Brüdern spricht. Laut Basilius
wird ein Mönch, dessen Herz und Verstand den ganzen
Tag über beten, schließlich entdecken, daß sich seine Gebete auch nachts fortsetzen, wodurch seine Träume zu
Abbildern der Liebe Gottes werden.

Um ständiges Beten zu lernen, verlangte Basilius von
seinen Mönchen, zuerst über das Wesen und den Zweck
des Gebets zu meditieren. Wenn Kinder beten lernen,
bringt man ihnen zunächst bei, bestimmte Bitten an Gott
zu richten. Sie bitten ihn, für ihr eigenes Wohl und das
Wohlergehen ihrer Familie zu sorgen, indem er all ihre
Bedürfnisse erfüllt. Kindergebete haben so gewöhnlich
die Form von Wunschzetteln, die an Gott gerichtet sind.

Viele Erwachsene kommen kaum über diesen Gebetsstil hinaus und betrachten Gott noch immer als eine übernatürliche Macht, welche die Dinge zu ihren Gunsten wenden kann. Gebete dieser Art sind keineswegs falsch. Im Gegenteil – nach Basilius' Lehre sind Bitten Grundlage des Gebets, da eine Person, die auf diese Weise betet, erkennt, daß sie vollkommen von Gottes Liebe und Gnade abhängig ist. Auch der reifere Mönch sollte weiterhin jeden Tag eine gewisse Zeit damit zubringen, für bestimmte Personen zu beten, die krank sind oder sich in einer besonderen Notlage befinden. Natürlich ändern solche Gebete Gottes Willen nicht und bewirken auch nicht, daß er von seinen einmal gefaßten Absichten abweicht. Doch wie Basilius sagte, wird sich eine Welt, in der sich eine große Anzahl von Menschen ständig in Gottes Hand gibt, schließlich in Übereinstimmung mit Gottes Gesetzen befinden – und daher an seinem Frieden und seiner Freude teilhaben.

Wenn allerdings Bitten an Gott die Grundlage des Betens sind, ist es Aufgabe der Ordensleute und all derer, die Mönche und Nonnen in der Welt sein wollen, auf dieser Grundlage ein mächtiges spirituelles Haus zu errichten. Um bei der Metapher von Basilius zu bleiben: Die Steine dieses Gebäudes sind Akte des Gehorsams. Wer stetig tagaus, tagein betet, sucht freiwillig seinen Willen dem Willen Gottes unterzuordnen. Wenn er morgens aufsteht, bringt er alles, was er am Tage zu tun vorhat, Gott dar. Wenn er mit seiner Arbeit beginnt, bittet er Gott, seinen Verstand und seine Hände zu leiten, so daß all seine Entscheidungen und Handlungen von Gott inspiriert sind. Wenn er ißt, erkennt er durch sein Gebet an, daß Gott ihm seine Nahrung schenkt. Auch im Gespräch versucht er auf Gott zu hören, damit dieser ihn die richtigen Worte finden läßt und ihm die Fähigkeit verleiht, die wahren Gedanken und Gefühle hinter den Äußerungen seiner Gesprächspartner wahrzunehmen.

Solch ein Leben mit ständigem Gebet könnte vielleicht recht abschreckend erscheinen, ist doch der Alltag oft schon schwierig genug, auch wenn man nicht versucht, jede Minute an Gott zu denken. Doch im 17. Jahrhundert verfaßte der englische Bischof Thomas Ken ein Handbuch des Betens für die einfachen Leute seiner Diözese. Er schlug darin eine Reihe von »Stoßgebeten« vor – einfache Gebete, hauptsächlich nach Texten der Bibel, die aus einem einzigen Satz bestehen. Er legte seinen Lesern nahe, diese Stoßgebete auswendig zu lernen und sie tagsüber in geeigneten Augenblicken auszusprechen oder leise vor sich hin zu murmeln. Nach einigen Wochen wirkten die Stoßgebete wie von selbst, und ihre Anwendung bereite keinerlei Mühe mehr. Nach ein paar Monaten seien die Worte, aus denen sie bestehen, fast vergessen, und die Seele habe gelernt, ohne Worte zu beten. Dabei wußte Thomas Ken sehr wohl, daß im Vergleich zu einem Kloster in den meisten Familien ein geräuschvolles Durcheinander herrscht, so daß es schwierig erschien, sich unter diesen Verhältnissen die Gewohnheit der Anwendung seiner Stoßgebete anzueignen. Er wußte auch, daß manche Leute lieber eigene Texte verwendeten oder sich beim Beten spontan ausdrücken wollten, wie es ihnen gerade in den Sinn kam. Doch wenn das Beten erst einmal zur Gewohnheit geworden ist, ob man nun auswendig gelernte oder improvisierte Gebete verwendet, dann kann auch die Mutter, die auf ihre Kinder aufpaßt, oder ihr Mann, der auf dem Feld arbeitet, so tief und beständig wie die Ordensleute beten.

Zwar kann jeder nur für sich allein täglich mit dem Gebet arbeiten, doch innerhalb eines Klosters werden seine Wirkungen an der ganzen Gemeinschaft spürbar. Wenn jeder Mönch sich in jedem Augenblick dem Willen Gottes unterwirft, wird alles, was die Ordensgemeinschaft denkt und tut, Gottes Willen befolgen, und so können die Ordensleute miteinander und mit ihrer natürlichen Umgebung im Einklang leben. Es ist wie in einem Orchester: Wie bei diesem alle Spieler zusammenwirken, so trägt auch jeder einzelne Mönch durch seine Gebete zur spirituellen Harmonie bei. Wenn ein Mönch in seinem Eifer nachläßt, sind es die unsichtbaren Gebete der anderen, die ihn tragen. Es ist diese gegenseitige Unterstützung im Gebet, der die Klöster ihren besonderen Reiz und ihre Kraft verdanken, die Besucher immer wieder so verblüffen. Doch wie Thomas Ken beobachtete, läßt sich dies auch in der Welt erreichen, wenn Mann und Frau sich um ständiges Beten bemühen oder eine Gruppe, die über einen Wohnbezirk verstreut ist, zur Gebetsgemeinschaft wird. Tatsächlich hoffte Ken, es möge in jeder Pfarrei seiner Diözese einige Menschen geben, die sich an sein Gebetbuch halten, eine Art unsichtbares Kloster bilden und ihrer gesamten nachbarschaftlichen Umgebung mit ihrer spirituellen Harmonie Impulse geben und das geistige Niveau heben.

Ebenso wie man in einem Kloster oder in einer Ehe einander nichts vormachen kann, da enger täglicher Kontakt das wahre Wesen jedes Menschen sichtbar werden läßt, so kann man auch Gott nicht belügen, wenn man ihn täglich anruft. Die Kunst des ständigen Gebets erfordert, daß vor Gott jeder Gedanke und jedes Gefühl, ob negativ oder positiv, offengelegt wird. Dies mag zunächst sonderbar erscheinen, da wir uns natürlich Gott gegenüber stets nur von der besten Seite zeigen und Liebe, Dankbarkeit und Lob zum Ausdruck bringen wollen. Doch wenn wir unsere Beziehung zu Gott darauf beschränken, wenden wir uns in den Zeiten von ihm ab, in denen Zorn, egoistischer Stolz, Eifersucht und andere destruktive Gefühle in uns an die Oberfläche drängen. Wenn wir uns aber ein Herz fassen und es wagen, unserem Ärger Gott gegenüber Luft zu machen und unsere Gefühle des Hochmuts und der Eifersucht vor ihm nicht zu verbergen, beginnen wir erst die volle Kraft seiner Liebe zu erfahren. Wischt er doch all diese Gefühle nicht einfach aus, denn schließlich war er es, der sie in unsere Brust einpflanzte. Er formt sie vielmehr um, so daß sie zu kreativen Emotionen werden. So wird Zorn zum Verlangen nach Gerechtigkeit, ichsüchtige Eitelkeit wird zum berechtigten Stolz auf die Arbeit, die wir für andere tun. Sogar Eifersucht und Neid können völlig umgekehrt werden, so daß aus ihnen Freude über die Leistungen und Wohltaten anderer wird.

Gebet, das als ein an Gott gerichteter Wunschzettel beginnt, reift nach und nach zu einer einzigen leidenschaftlichen Sehnsucht, die all unsere Bedürfnisse und Nöte einschließt – zur Sehnsucht nach dem Einswerden mit Gott. Es gibt zahllose Berichte über Mönche und Nonnen, wie beispielsweise Theresa von Avila und Katharina von Siena, deren Liebe zu Gott ihren Körper und ihre Seele ergriff. Wenn sie beteten, wurden sie sexuell erregt, gerieten aber auch in spirituelle Verzückung. Dies bedeutet jedoch nicht, daß sie dadurch von der Sorge um das praktische Leben abgelenkt worden wären: Theresa gründete und organisierte einen Orden mit zahlreichen Klöstern, während Katharina Krankenhäuser für Aussätzige leitete. Wohl nur wenige von uns erfahren dermaßen schwindelerregende spirituelle Höhen oder sind zu so großzügigen Akten der Nächstenliebe berufen. Doch im Laufe der Jahre verringert die Praxis des ständigen Betens nach und nach die Kluft zwischen Himmel und Erde, so daß schließlich selbst so banale Tätigkeiten wie das Geschirrspülen oder das Auswechseln einer Glühbirne die Liebe zu Gott vergrößern kann.

AUFGABE

Notiere die sechs oder sieben »Stoßgebete«, die du im Laufe eines normalen Tages sprechen kannst. Lerne sie dann auswendig und versuche, sie anzuwenden.

ANDACHT

Gottes Herrlichkeit offenbart sich in einem lebenden
Menschen. Das wahre Leben aller Menschen besteht
darin, Gott zu verherrlichen.   *Klara*

Benedikt bezeichnete die gemeinsame Andacht im Kloster als Gotteswerk und betrachtete sie als die Haupt-
tätigkeit der Ordensleute. Wie also ein Tischler täglich
acht Stunden damit zubringt, Holz zu schneiden und
Möbel herzustellen, wie der Bauer acht Stunden am
Tage sät und erntet, so verbringen Mönche und Nonnen
die gleiche Zeit damit, das Lob Gottes zu singen. Tatsächlich hatten im Lauf der vergangenen 15 Jahrhunderte Klöster des Abendlands im Zeitraum von 24 Stunden mindestens vier Gottesdienste, in manchen Fällen
sogar acht – sehr oft einschließlich eines Gottesdienstes
um Mitternacht. Das Herzstück ihrer Andacht war in
der Regel die tägliche Feier des Abendmahls.

Jeder Laie, der an einem Gottesdienst im Kloster teilnimmt, wird von seiner Schönheit ergriffen. Mönche
und Nonnen, die an sich vielleicht gar nicht musikalisch
begabt sind, lernen durch beständige Wiederholung,
Psalmen und Hymnen in vollendeter Harmonie zu singen. Sogar die Gebete werden in vollkommener Einstim-

migkeit gemeinsam gesprochen, wobei Rhythmen und Tonfall präzise eingehalten werden. Doch für so manchen Laien bleibt der Zweck dieses zeitraubenden Bemühens unklar. Wer immer nur am Sonntag zur Kirche geht, betrachtet in der Regel den Gottesdienst als eine Methode der Wiederherstellung spiritueller und moralischer Ausgeglichenheit, um mit neu gestärkten seelischen Kräften in das Alltagsleben zurückkehren zu können: ein Mittel zum Zweck. Wenn dieser Zweck erreicht werden kann, indem man am Sonntagmorgen lediglich eine oder zwei Stunden in der Kirche verbringt, sehen viele nicht die Notwendigkeit, noch weiteren Gottesdiensten beizuwohnen. Daher überrascht es nicht, daß im vergangenen Jahrhundert und später immer mehr Menschen zu der Überzeugung gelangten, daß es andere, geeignetere Methoden der spirituellen Erneuerung gebe, wie zum Beispiel ein Spaziergang auf dem Land oder in einem städtischen Park, oder, zu Hause in einem bequemen Sessel sitzend, guter Musik, wie beispielsweise der Aufnahme eines klösterlichen Choralgesangs, zu lauschen. Der Gottesdienst im Kloster ist für viele moderne Menschen eine Kunst, vergleichbar mit einer Oper, einem Gemälde oder einer Skulptur – schön und für diejenigen, die sie ausüben oder zu schätzen wissen, sogar begeisternd, aber im Grunde völlig nutzlos.

Für Ordensleute ist die Andacht jedoch kein Mittel zum Zweck, sondern ein Selbstzweck. Sie ist ihr Hauptvergnügen, aber auch ihre wichtigste Arbeit. Wenn man sie bittet, ihren Zweck zu erklären, werden sie die Gottesdienste in der Klosterkirche mit dem Himmel selbst vergleichen. Finden wir uns im Himmel doch alle versammelt vor Gottes Angesicht und erfreuen uns ohne sonstigen Zweck seiner Liebe. Ganz ähnlich kommen wir aus freien Stücken zur Andacht zusammen, um Gott in unserer Mitte aufzunehmen und uns seiner Gnade zu erfreuen. So wie wir im Himmel nicht mehr kämpfen müssen, sondern einfach in seinem Frieden ruhen, so werden wir auch in der gemeinsamen Andacht von überlieferten Worten und der Musik getragen, und unsere widerspenstigen Gedanken und Gefühle richten sich auf Gott. Außerdem sind die Gottesdienste, die den Tag einteilen, auch nach außen hin sichtbarer Ausdruck des ständigen persönlichen Gebets, das unsere gesamte Aktivität begleiten sollte, so daß selbst die weltlichsten Arbeiten zur spirituellen Vorbereitung auf das Lob Gottes in der Kirche werden. Somit ist die Andacht kein spirituelles Instrument, das uns hilft, mit der täglichen Lebenslüge fertigzuwerden, sondern vielmehr das Ziel, auf das unser Leben auf der Erde ausgerichtet sein sollte.

Nach den Worten Benedikts sollten die Töpfe und Pfannen in der Küche mit der gleichen Ehrfurcht behandelt werden wie die Kelche auf dem Altar, die bei der Feier des heiligen Abendmahls verwendet werden. Für ihn symbolisierte das heilige Abendmahl das gesamte Leben und den Daseinszweck des Klosters. Daher sollten sie im Mittelpunkt des Gottesdienstes stehen. Brot und Wein sind Zeichen der Arbeit des Mönchs; durch das Opfer dieser Gaben auf dem Altar wird diese Arbeit geheiligt. Indem sie dasselbe Brot essen und aus demselben Becher trinken, sind die Ordensleute symbolisch mit Gottes Liebe vereinigt. Da das Abendmahl ein heiliges Mahl ist, an dem alle in gleicher Weise teilnehmen, bekunden die Ordensleute damit ihre Verpflichtung zu Gerechtigkeit und Gleichheit in allen Dingen. Im letzten Jahrhundert forderte der große christliche Sozialist F. D. Maurice die Christen auf, Benedikts Lehre aus den Klöstern hinaus in die verrußten Industriestädte Europas zu tragen, um so auch die Herstellung und den Konsum moderner Wirtschaftsprodukte zu heiligen. Glücklicherweise haben Christen aller Traditionen in den letzten Jahrzehnten begonnen, die zentrale Stellung des heiligen Abendmahls als höchstes Symbol eines gotterfüllten Lebens zu betrachten.

Doch selbst wenn wir uns der Andacht gegenüber die klösterliche Einstellung zu eigen machen, gelingt es nur wenigen von uns, die in der Welt leben, viermal am Tag an einem Gottesdienst oder einmal täglich am heiligen Abendmahl teilzunehmen. In der Tat machen es die Zwänge unseres Arbeits- und Familienlebens sogar sehr schwer, unter der Woche zur Kirche zu gehen. Thomas Cranmer, der im 16. Jahrhundert das *Book of Common Prayer* (»Allgemeines Gebetbuch«) zusammenstellte, versuchte dieses Problem zu lösen, indem er die klösterlichen Gottesdienste zu zwei Andachten zusammenfaßte, die Familien jeweils morgens und abends zu Hause abhalten konnten. Zahlreiche fromme Familien versammelten sich tatsächlich zweimal am Tage – vor dem Frühstück und vor dem Abendessen –, um nach der von Cranmer vorgeschlagenen Weise zu beten. Andere Familien fühlten sich überfordert durch zwei Andachten pro Tag und hielten daher nur eine Andacht ab. In diesem Punkt ahmten sie, ohne es zu wissen, die Form des klösterlichen Lebens der Kopten nach, das den Mönchen mehr persönliche Freiheit läßt und weniger

Gemeinschaftsleben vorsieht als die Ordensregel der Benediktiner: Bei ihnen gibt es nur einen gemeinsamen Gottesdienst, gewöhnlich am frühen Morgen. Während des restlichen Tages bleibt es dem einzelnen Mönch überlassen, seine persönliche Form des Betens zu finden.

Welche Form der Andacht man auch immer wählt, entscheidend ist stets die Regelmäßigkeit. Mann und Frau oder eine Gruppe von Freunden sollten eine bestimmte Zeit festlegen, zu der sie sich zur Andacht treffen, sei es zu Hause oder in einer Kirche – und sie sollten sich an diese Zeit halten. Zu Anfang mag das sehr nach Zwang aussehen, und möglicherweise ärgert uns eine solche Einschränkung unserer Freiheit. Doch bald wird es zur Gewohnheit, sich täglich zur gleichen Zeit zu treffen – nicht anders als das Zähneputzen, das Bettenmachen, Dinge also, die man ausführt, ohne allzuviel darüber nachzudenken. Für die meisten bietet sich der frühe Morgen als die beste Zeit an, bevor das Telefon stören könnte und die Hektik des Tages beginnt – und wenn Herz und Geist noch frisch sind. Für andere dagegen ist der späte Abend geeigneter. Vermutlich wäre es ein Fehler, wenn man versuchen würde, mitten am Tag einen Zeitpunkt festzulegen, denn die meisten von uns arbeiten nach zu unterschiedlichen Zeitplänen. Wenn wir unsere Andachten am Morgen abhalten, ist es besonders wichtig, sie zu einer festen Zeit zu beenden. Wir müssen also unser gelegentliches Bedürfnis zurückdrängen, Gott eine zu lange Wunschliste vorzutragen oder ihm allzu ausgiebig zu danken. Nichts lenkt mehr ab als ängstliches Schielen nach der Uhr, und die Menschen können sich nur dann in der Andacht seelisch öffnen, wenn sie keine Angst haben müssen, spätere Verpflichtungen wegen einer zu langen Morgenandacht nicht einhalten zu können.

Im Verlauf der Jahrhunderte gab es kaum schärfere Auseinandersetzungen in der Kirche als die über Formen und Stile der Andacht. Weit davon entfernt, Stil als Ausdruck von persönlichem Geschmack und Bildung zu betrachten, glaubte man, um hohe theologische Prinzipien zu streiten. Wenn täglich Andachten stattfinden, ist allein von Bedeutung, daß sie eine Form haben, die man Monat um Monat, Jahr um Jahr aufrechterhalten kann. Deshalb sollte der Gottesdienst einfach, sogar streng sein, da ein komplexes Ritual bald schal wird. Doch schließt Einfachheit – und dafür ist das klösterliche Offizium ein lebendiges Beispiel – ästhetischen Reiz nicht aus. Auch ist eine Phase stiller Meditation von großem Wert, denn Meditation, die in einer Gruppe ausgeführt wird, geht oft sehr viel tiefer und ist kreativer als Versuche, allein zu meditieren. Improvisierte Gebete für die Kranken und die Nöte der Welt sollten nicht zu wortreich sein, und monotone religiöse Formeln sollten vermieden werden. Es genügen ein paar Worte, um den Geist auf eine bestimmte Person oder eine konkrete Situation zu lenken. Was das Amt des Vorbeters angeht, so sollte die Form der Andacht so unkompliziert sein, daß jeder den Gottesdienst leiten kann, seien es der Familienvater und die Mutter oder abwechselnd andere Mitglieder der Gebetsgruppe. Wie selbst ein unmusikalischer Mönch lernen kann, Vesper und Laudes zu singen, so kann auch jeder von uns lernen, eine einfache Andacht zu leiten.

AUFGABE

Finde eine einfache Form für die tägliche Andacht, wie beispielsweise im Offizium von Taizé oder einem anderen Gebetbuch. Dann setze probeweise für eine Woche oder einen Monat täglich eine Zeit fest, zu der du deine Andacht abhalten kannst, sei es allein oder besser noch mit deiner Frau oder einem Freund.

GLAUBE

Erkenntnis ist der Lohn, nicht die Ursache des Glaubens. Deshalb versuche nicht zu verstehen, damit du glauben kannst, sondern glaube, damit du verstehst. *Augustinus*

In den sechziger Jahren begann der amerikanische Mönch Thomas Merton enge Kontakte mit Mönchen und Predigern anderer Glaubensrichtungen aufzunehmen, und schließlich reiste er nach Asien, um mit Hindus, Buddhisten und Moslems zu sprechen und zu beten. Er selbst bewahrte der katholischen Kirche, von deren Glaubenslehre und Liturgie er durchdrungen war, unerschütterliche Treue. Doch je enger er mit Klosterleuten asiatischer Religionen in Berührung kam, um so mehr entdeckte er, daß deren spirituelle Erfahrungen seinen eigenen sehr ähnlich waren. Ihm wurde klar, daß Heiligkeit sich nicht auf das Christentum beschränkt, sondern das Streben aller Religionen rings um den Erdball ist.

Merton beschritt einen Weg der Einheit, auf dem schon viele vor ihm gegangen waren. Bereits im 14. Jahrhundert konnte Mutter Juliana der orthodoxen Auffassung, daß Anhänger anderer Religionen auf ewig verdammt seien, keinen Glauben schenken. Zwar konnte sie über den Islam und andere Religionen des Orients nur durch ungenaue und blumige Schilderungen Reisender erfahren haben, doch hatte sich ihrem ahnenden Blick genug enthüllt, um daraus den Schluß zu ziehen, daß Anhänger jener Religionen es mit ihrer Gottesverehrung ebenso aufrichtig meinten und ihren Mitmenschen gegenüber ebenso von Nächstenliebe erfüllt waren wie Christen. Noch früher reiste ein anderer Anhänger klösterlichen Lebens, Franz von Assisi, zur Zeit der Kreuzzüge nach Palästina und versuchte zwischen Christen und Moslems Frieden zu stiften. Man sagt, die führenden Moslems seien ebenso von ihm beeindruckt gewesen wie er von ihnen. Als in jüngster Zeit die Verkehrsverbindungen zwischen Ost und West immer besser wurden, entwickelte sich ein lebhafter spiritueller Austausch zwischen Mönchen aller Glaubensrichtungen. Heute praktiziert man in christlichen Klöstern unterschiedliche Formen des Yoga, während in Hindu-Ashrams die Werke christlicher Mystiker eifrige Leser finden. Wer nach Heiligkeit strebt, ist, so scheint es, froh und bereit, von überall her Wissen zu sammeln.

Leider ahmen offizielle Religions- und Staatsvertreter diese versteckte Toleranz der Ordensleute nicht nach. Die Mehrzahl der Anhänger jedes Glaubens ist noch immer der Ansicht, daß einzig ihre Lehrformeln die Wahrheit einschließen, so daß jeder andere Glaube mit ihnen nicht vereinbar und daher falsch sei. Sie stellen sich mit Begeisterung vor, Gott segne allein ihre religiösen Aktivitäten. Wie Religionsgegner häufig bemerken, ist die Geschichte voll von Glaubenskriegen, in denen eine Religionsgemeinschaft versucht, andere zu beherrschen. Auch heute noch sind Länder aus religiösen Gründen geteilt, werden Menschen unterdrückt und gefoltert. Zwar sind religiöse Konflikte oft ganz klar mit politischen Auseinandersetzungen verknüpft, und Machthaber wie Könige und Diktatoren spannen oft religiösen Eifer vor den Wagen ihres eigenen Machtstrebens. Doch dies entschuldigt die verantwortlichen Religionsführer keineswegs, wenn sie sich zu solchen Zwecken mißbrauchen lassen.

Für Thomas Merton waren Glaubenslehren kein präziser Ausdruck göttlicher Wahrheit, sondern Fenster, durch die man vielleicht den einen oder anderen Blick auf die Wahrheit werfen kann, und wie Fensterscheiben sind auch Glaubensleben Menschenwerk. Ihre Klarheit und Lichtdurchlässigkeit als spirituelle Fenster hängen von der Fähigkeit und Einsicht ihrer theologischen Schöpfer ab. Merton selbst hatte als junger Mann die strahlende Kraft der katholischen Lehre für sich entdeckt, nachdem er zuvor einige Jahre ein ziemlich ruheloses und ausschweifendes Leben geführt hatte. Er hat niemals aufgehört, die Wahrheit zu bewundern, die er in der katholischen Theologie gefunden hatte. Stets ermutigte er andere, seine Erfahrungen zu teilen. Außerdem erkannte er auch, daß es zahlreiche schlechte Glaubenslehren gibt, die von korrupten oder irregeführten Lehrern verkündet wurden und nichts anderes als eine vorgetäuschte Wahrheit sind. Doch bei den Weltreligionen bestand für ihn kein Zweifel: Ihre Lehren sind Fenster zur göttlichen Wahrheit. Dogmatische Unterschiede zwischen den einzelnen Religionen, die sich dem logischen Verstand vielleicht als unlösbare Widersprüche darstellen, sind für ihn lediglich den unterschiedlichen Winkeln und Formen der Scheiben oder unterschiedlichen Verzerrungsfaktoren im Glas zuzuschreiben. Den

Beweis für diese spirituelle Einheit liefert für ihn das Leben derer, die aus ganzem Herzen einer Glaubenslehre folgen. Die Heiligkeit eines hinduistischen oder buddhistischen Mönchs ist mit der eines christlichen Ordensmanns identisch.

Wie Thomas Merton sollten auch wir als Christen voller Überzeugung und Stärke an den Grundlehren unseres Glaubens festhalten. Der Glaube, daß in Jesus Christus Gottes Wort Fleisch wurde und er daher ein vollkommener Mensch war, gibt uns die Sicherheit, daß auch wir Vollkommenheit anstreben und hoffen können, heilig zu werden wie er. Das Wissen um sein Leiden und seinen Tod gibt uns die Sicherheit, daß er auch die schlimmsten Leiden und Versuchungen versteht, denen wir ausgesetzt sein können – und uns somit auf dem Weg der Heiligkeit stärken und ermutigen kann. Der Glaube an seine Auferstehung enthält für uns das Versprechen vollkommener und ewiger Freude am Ende dieses Weges – einer Freude, die wir immer häufiger erfahren können, je weiter wir auf diesem Wege voranschreiten. Doch diese oder jede andere Formulierung unserer Glaubensgrundlagen ist nur ein unvollkommener Ausdruck des christlichen Evangeliums, da seine großartige Wahrheit jenseits aller sprachlichen Ausdrucksmöglichkeiten liegt. Wenn wir also behaupten, solche Formulierungen enthielten göttliche Wahrheiten, und damit diese Lehren selbst zu Glaubensobjekten machen, verehren wir in Wirklichkeit Idole – nicht aus Holz oder Stein, sondern aus Worten. Schlimmer noch: Allzu rasch benutzen wir diese Idole als verbale Prügel, mit denen wir auf jene einschlagen, die sie nicht akzeptieren. So geht es bei den meisten religiösen Konflikten eher um Wortklaubereien als um Unstimmigkeiten über die letzte Wahrheit.

In einer durch den Glauben gespaltenen Welt – und durch eine mit Politik vermischte Religion – können diejenigen den Weg zur Einigkeit zeigen, die den Ruf in sich spüren, den Weg der Heiligkeit zu gehen. Dieser Weg zerstört die künstlichen Barrieren von Glaubensbekenntnissen, so daß sich Anhänger jedes Glaubens dieser Reise anschließen können. Wir sind Christen einer ganz bestimmten Konfession. Unsere erste Tat auf dem Weg zur Einheit ist daher, daß wir mit Christen anderer Konfessionen beten und den Gottesdienst feiern. Dies bedeutet nicht, daß wir uns für beliebige Formen des gemeinsamen Gottesdienstes einsetzen, auch nicht, daß wir versuchen, verschiedene Kirchen organisatorisch zusammenzuführen. Eher streben wir spirituelle Bindungen an und werden dadurch zu Freunden und Partnern auf unserer gemeinsamen spirituellen Reise. Über den christlichen Ökumenismus hinaus kommen wir dann zur Einheit der unterschiedlichen Religionen. Auch hier können persönliche Kontakte durch nichts ersetzt werden – Besuche in Tempeln, Synagogen und Moscheen, um mit Hindus, Buddhisten, Juden und Moslems zu sprechen und gemeinsam zu beten. Wenn wir vor solchen Kontakten die heiligen Schriften all dieser Religionen gelesen haben, haben wir bereits vom heiligen Wasser ihrer Glaubensquelle getrunken und sind in der Lage, rasch Freundschaften zu schließen. Tatsächlich besteht das höchste Lob, das wir einem anderen Glauben spenden können, darin, daß wir uns mit seiner spirituellen Tradition vertraut machen.

In den Einleitungsversen seines Evangeliums bezeichnet Johannes das Wort, »durch das alles geschaffen ward«, als die treibende Kraft der Schöpfung. Das Wort aber »ward Fleisch« in der Person Jesu Christi. Christen befinden sich also durch ihre Beziehung zu Jesus in unmittelbarem Kontakt mit dem Wort Gottes und daher mit Gott. Doch da das Wort in der gesamten Schöpfung manifest ist, sollten wir erwarten, es in jeder Religion, in jedem Menschen, in jedem Tier und jeder Pflanze zu finden. Es ist diese Sehnsucht, Gottes Wort in jedem Aspekt seiner Schöpfungsordnung zu erkennen, die den wahren, göttlich inspirierten Glauben ausmacht.

Aufgabe

Schreibe dein eigenes Glaubensbekenntnis auf, lege alle religiösen Grundsätze und moralischen Vorstellungen dar, die du persönlich unterschreiben kannst. Sei dabei absolut ehrlich und vermeide jede Aussage, von der du zwar fühlst, daß du sie eigentlich akzeptieren solltest, aber nicht wirklich annehmen kannst.

STUDIUM

Der Zweck des Studiums ist es, der Seele, die studiert,
zu helfen und sie hierdurch in die Lage zu versetzen,
den Seelen anderer zu helfen.   *Ignatius von Loyola*

Einige Orden, wie beispielsweise die Jesuiten, sind dafür
bekannt, daß ihre Mitglieder über einen besonders schar-
fen Verstand verfügen. Tatsächlich rekrutiert sich der Je-
suitenorden fast ausschließlich aus Akademikern. In den
meisten Klöstern trifft man hingegen auf das gesamte
Spektrum intellektueller Fähigkeiten. Eine typische Be-
nediktinergemeinschaft umfaßt vielleicht eine kleine Anzahl von Theologen und Philosophen, die in der Lage
sind, gelehrte Abhandlungen über die schwierigsten
Glaubensfragen zu schreiben. Hinzu kommt eine größere Anzahl von Ordensleuten, deren theologische und
philosophische Kenntnisse immerhin ausreichen, um
Examina auf diesen Gebieten zu bestehen. Darüber hinaus aber findet man Klosterleute, deren Begabung mehr
im handwerklichen Bereich liegt und die in der Lage
sind, die Fahrzeuge des Klosters zu reparieren und die
Gebäude instand zu halten. Schließlich gibt es auch noch
Mönche, bei denen von der Schulbildung nichts übrig-
geblieben ist, so daß sie vielleicht nicht einmal in der

Lage sind, einen Brief zu schreiben. Doch von jedem Mönch, gleichgültig über welche Fähigkeiten er verfügt und welche Neigungen er hat, wird verlangt, daß er täglich eine gewisse Zeit mit Studien zubringt, Bücher liest und überdenkt, die seinen Glauben vertiefen. Auch bei den Mahlzeiten liest ein Mönch laut aus einem Buch vor, damit seine Brüder auch geistige und seelische Nahrung erhalten, während sie mit der Mahlzeit ihren Körper stärken.

Der Grund für diese Betonung des Studiums ist: Der Intellekt ist eine der Fähigkeiten, die Gott uns geschenkt hat, damit wir ihn begreifen und erkennen. Gebet und Andacht, womit die meisten Mönche weit mehr Stunden zubringen, sprechen mehr die Vorstellungskraft und Intuition sowie die Gefühle an. Daher sind die frommen Übungen des Ordensmannes durch Lektüre abzurunden, die sein verstandesmäßiges Begreifen der Liebe Gottes vertieft.

Die Vielfalt der Bücher, die die Mönche lesen, zeigt ein Besuch in der Klosterbibliothek. Sie umfaßt ebenso theologische Werke wie auch biblische Texte. Doch ihr Hauptgebiet ist immer die Spiritualität. Hier findet man Werke, deren Verfasser und Verfasserinnen von tiefer Frömmigkeit erfüllt sind und in ihren Büchern über die Erfahrungen auf ihrer spirituellen Pilgerfahrt berichten. Tatsächlich wurden viele bedeutende Werke großer Mystiker, wie *Die Wolke des Nichtwissens* und *Die Nachfolge Christi*, wahrscheinlich für Mönche und Nonnen verfaßt. Zusätzlich liegt ein starker Akzent auf der Kirchen- und Sozialgeschichte, so daß sich Mönche und Nonnen stets vor Augen halten können, wie ihre eigene Lebensweise in einer langen, ehrwürdigen Tradition verwurzelt ist.

Zur Entspannung findet man auch leichtere Kost, wie Biographien und klassische Werke der Weltliteratur.

In früheren Jahrhunderten konnten die meisten Leute nur mit Neid auf die literarischen Interessen der Mönche und Nonnen blicken. Denn nur wenige konnten damals lesen, und diejenigen, die über eine einfache Schulbildung verfügten, konnten sich keine Bücher leisten. Doch seit dem ausgehenden 19. Jahrhundert hat sich im Abendland die Fähigkeit, zu lesen und zu schreiben, enorm verbreitet, und gleichzeitig sind die Löhne und Gehälter stark angestiegen. Viele Menschen sind daher dazu übergegangen, die Lektüre von Büchern mit spirituellem Inhalt als Teil ihrer religiösen Andacht zu betrachten. Die meisten Klassiker der Mystik wurden längst übersetzt und in erschwinglichen Ausgaben veröffentlicht und stehen nun in zahllosen Bücherschränken – oder liegen, was noch wichtiger ist, neben dem Wecker und dem Brillenetui auf dem Nachttisch. Viele Theologen und Bibelforscher haben sich die Mühe gemacht, kurze und allgemeinverständliche Berichte über ihre wichtigsten Forschungsergebnisse sowie Kommentare und Anmerkungen zur Bibel zu verfassen und damit das Studium der Heiligen Schrift zu erleichtern. Es liegen auch zahlreiche gute und moderne Schriften über spirituelle Themen vor, die zum Teil von Mönchen und Nonnen verfaßt worden sind und alte Weisheit in einem modernen Gewand präsentieren.

Doch viele von uns fühlen sich verwirrt oder sind eingeschüchtert, wenn sie durch eine Buchhandlung gehen, weil sie nicht wissen, welche Bücher ihren augenblicklichen Bedürfnissen am meisten entsprechen oder welche Richtung sie bei ihren Studien einschlagen sollten. Außerdem ist schon die Vielzahl an vorrätigen Titeln überwältigend. Seit den frühesten Zeiten des Ordenswesens hatte jeder Mönch einen spirituellen Führer – bisweilen spricht man auch von einem »Seelenfreund« –, der ihm nicht nur die Beichte abnahm, sondern ihn auch bei seinen Studien leitete. Dieser spirituelle Führer gab dem Mönch ein Buch und forderte ihn auf, seine eigenen Gedanken und Reaktionen bei der Lektüre aufzuschreiben. Bei ihrem nächsten Zusammentreffen erörterten sie dann gemeinsam das Buch, und nach der Diskussion empfahl der spirituelle Führer dem Mönch weitere Lektüre. So waren seine Studien ganz auf seine speziellen Erfordernisse zugeschnitten.

In der Welt außerhalb der Klostermauern sind solche spirituellen Führer selten. Doch es gibt verschiedene Möglichkeiten, die gleiche Seelenführung zu erhalten. Manche von uns nehmen an Kursen teil, bei denen schon von vornherein die Themen und Bücherlisten vorgegeben sind. Es gibt heute auch eine Anzahl von Institutionen, die derartige Kurse anbieten, an denen man sich entweder durch Schriftwechsel oder in Seminaren und Vorlesungen beteiligen kann. Der Nachteil ist jedoch, daß der einzelne sich streng an einen vorgeschriebenen Ablauf halten muß, selbst wenn sein Herz und sein Kopf sich danach sehnen, davon abzuweichen. Die Alternative wäre, daß sich eine Gruppe von Freunden, die im gleichen Wohnbezirk leben, jede Woche, alle 14 Tage oder jeden Monat zum gemeinsamen Studium treffen kann. Sie können gemeinsam entscheiden, welche Bücher sie lesen und diskutieren wollen. Wenn sie sich allein nicht entscheiden können, können sie Außenstehende um Rat bitten. Zwar fehlt bei dieser Methode die

Führung durch einen Sachkundigen, die ein Kurs bei irgendeiner Institution bieten kann, sie ist jedoch flexibler und kann mehr auf die Bedürfnisse des einzelnen eingehen.

Wenn Mönche oder Nonnen hin und wieder auch einen Roman von Jane Austen oder eine Biographie Napoleons während des Essens vorgelesen bekommen, sollten auch wir bei unseren spirituellen Studien nicht allzu engstirnig sein. Zweifellos verschafft uns gute Dichtung die tiefsten Einsichten in die menschliche Seele, und Biographien können uns moralisch aufbauen und ebenso mit Entsetzen erfüllen. Vor allem aber kann Dichtung bis zum Geheimnis des Göttlichen vordringen – in unserem Jahrhundert findet sich die reinste Mystik in den Versen des Dichters und Ordensmannes Gerard Manley Hopkins. Manche Klöster spielen heute während des Abendessens Schallplatten ab, denn sie wissen, daß Bach und Beethoven nicht nur den Geist entspannen, sondern auch die Seele erheben. Wenn wir sorgfältig auswählen, finden wir vielleicht sogar Fernseh- und Radioprogramme, denen selbst Benedikt und Pachomius ihre Zustimmung gegeben hätten.

Das größte Problem ist allerdings die Zeit. In einem Kloster, wo jeder Augenblick des Tages vorgeschrieben ist, haben Mönche und Nonnen auch festgelegte Zeiten für ihr Studium. Wenn sie auch gelegentlich mit einem Buch in der Hand einnicken, so können sie doch keinen anderen Zeitpunkt wählen, um ihren Geist zu vervollkommnen. Im Gegensatz dazu ist es in der Welt für die meisten von uns fast unmöglich, täglich eine halbe Stunde zu erübrigen, in der kein Telefon läutet, die Kinder sich nicht streiten oder nicht gerade dringend etwas zu erledigen ist. Abgesehen davon ist es auch äußerst schwierig, seinen Geist von der Geschäftigkeit unserer Welt loszureißen und sich auf eine mystische Abhandlung zu konzentrieren. Natürlich stehen wir vor der gleichen Schwierigkeit, wenn wir versuchen, uns in stilles Gebet und Meditation zu versenken. Auch hier ist die Lösung die gleiche: Wir müssen uns am frühen Morgen oder am späten Abend Zeit nehmen – je nachdem, wann Herz und Geist am aufnahmefähigsten sind –, um sowohl zu studieren als auch zu beten. Wir müssen an dieser Zeit so festhalten wie ein Beamter an seinem Sessel.

AUFGABE

Überlege, ob es dir schwer- oder leichtfällt, für die Lektüre dieses Buches Zeit zu erübrigen. Frage dich, ob es Methoden gibt, das Studium zu erleichtern, vielleicht indem du es auf eine bestimmte Tageszeit legst. Überlege dir, welche zwei oder drei Bücher du im Anschluß an dieses studieren kannst.

Beichte

Menschen fragen manchmal, was Mönche in einem
Kloster tun. Die Antwort lautet: Wir fallen und stehen
auf, wir fallen und stehen auf, und abermals fallen
wir und stehen wieder auf. Und wir finden die Stärke
aufzustehen, indem wir Gott unsere Schwäche
bekennen.   *Pachomius*

Mönche und Nonnen sind keine außergewöhnlichen
oder irgendwie besonderen Menschen. Allem Anschein
nach geht Gott bei der Auswahl derer, die er zum Ordensleben beruft, recht willkürlich vor. Deshalb findet
man in einer klösterlichen Gemeinschaft Menschen un-
terschiedlichster Temperamente und verschiedenster
Persönlichkeitsstruktur. Es gibt rundliche, phlegmatische
Typen, die sehr gern lachen und mitten im größten
Chaos die Ruhe bewahren. Dann gibt es die drahtigen
Choleriker und tiefsinnigen Denker mit heißem, leicht
erregbarem Gemüt. Dann sind da die kränklichen Me-
lancholiker, deren starke Phantasie sie hoch über den
banalen Alltag schlecht geheizter Zellen und überhitz-
ter Küchen hebt. Schließlich gibt es die umtriebigen San-
guiniker, die stets optimistisch und darauf erpicht sind,
eine angefangene Arbeit zu Ende zu führen. Tatsächlich

umfaßt ein Kloster die gleiche Mischung der Temperamente und Charaktere wie jedes beliebige Dorf oder jede Stadt.

Aber Mönche und Nonnen haben eines gemeinsam, was den meisten von uns abhanden gekommen ist: Sie bekennen sich zu ihrer Schuld. Sie fühlen sich zum Ordensleben berufen, weil sie erkennen, daß ihr Leben nicht in Ordnung ist und sie daher Hilfe und Führung benötigen. Deshalb sind sie gewillt, in eine »Schule für Sünder« einzutreten, wie Benedikt es ausdrückte. Viele stellen sich vor, daß ihre Schuld dahinschmilzt wie Schnee, wenn sie erst einmal ins Kloster eingetreten sind und am Gottesdienst sowie an den anderen Aktivitäten des klösterlichen Lebens teilnehmen. Allerdings werden sie bald entdecken, daß die »Heiligkeit« des Klosterlebens ihre Last noch schwerer zu machen scheint, da sie sich zum Dienste Gottes ungeeignet fühlen. Dann aber geht ihnen auf, daß das Herzstück des Klosterlebens die alte Praxis der Beichte ist, durch die sie Gott direkt gegenüberstehen und ihm gestatten können, die Last der Schuld von ihnen zu nehmen. Sobald die Beichte erst einmal regelmäßiger Bestandteil ihrer spirituellen Disziplin geworden ist und das Gewicht der Schuld sie nicht mehr niederdrückt, werden sie imstande sein, nach und nach die »Stufenleiter der Vollkommenheit« emporzuklimmen.

Wir alle sind ähnlich mit Schuld beladen, doch viele von uns weigern sich, dies zuzugeben. Tatsächlich besteht der Hauptgrund der Scheu vor einem heiligen Leben darin, daß wir es nicht ertragen können, auf die Last unserer Schuld zu blicken, die von uns genommen werden muß. Außerdem hat in unserem Jahrhundert auch die Populärpsychologie Schuldgefühle ihrem Wesen nach für krankhaft erklärt; danach sehen wir uns als psychisch gestört an, wenn wir in unseren Herzen das Vorhandensein von Schuld anerkennen.

Um uns von Schuldgefühlen freizumachen, müssen wir zunächst erkennen, daß Schuldgefühle eine völlig natürliche, ja sogar wesentliche emotionale Regung sind. Ein Kind lernt, wie es sich zu verhalten hat, weil es die Zustimmung seiner Eltern bekommen will und ihre Mißbilligung fürchtet. Allein durch den Ton ihrer Stimme können Eltern ihre Kinder lenken und verhindern, daß sie Unrecht tun – sie aber auch zum rechten Handeln ermutigen. Die Neigung zu Schuldgefühlen scheint angeboren, die Rolle der Eltern besteht aber darin, ein Gefühl für Unrecht in den Kindern zu nähren.

Das Problem, auf das eine vorurteilsfreiere Psychologie oft hinweist, ist, daß unser Schuldbewußtsein häufig fehlgeleitet und verzerrt ist, da Eltern auf ihre Kinder nicht selten ihre eigenen, wirren Moralvorstellungen und Gefühle übertragen. Beispielsweise empfinden im Abendland viele Menschen tiefe Schuldgefühle im Zusammenhang mit Sexualität und betrachten sexuelle Empfindungen und Aktivitäten als schmutzig. Fast ebenso verbreitet sind merkwürdige Schuldgefühle, wenn man sich im Sport oder auf irgendeinem anderen Gebiet besonders auszeichnet, als ob das Erzielen einer besseren Leistung schon an sich selbstsüchtig und für andere verletzend sei. In der Tat kann jeder von uns eine Reihe von Situationen und Handlungen aufzählen, die teilweise völlig belanglos sind, in ihm aber völlig unangebrachte Schuldgefühle auslösen können. Selbst wenn unser Schuldbewußtsein richtig gelenkt ist, kann es oft nicht dadurch erleichtert werden, daß wir lediglich Handlungen vermeiden, die Schuldgefühle hervorrufen. Ein Gefühl persönlichen und moralischen Versagens, die Zustimmung oder Liebe anderer nicht zu verdienen, hängt wie ein Schatten über unserem Leben.

Wir versuchen auf jede nur erdenkliche Weise, diesem Schatten auszuweichen. Manche von uns vollbringen bis zur Erschöpfung gute Taten und stürzen sich von einer karitativen Tätigkeit in die nächste, als wenn schon die Anzahl guter Taten die Bürde ihrer Schuldgefühle erleichtern könnte. Andere nehmen extreme politische Positionen ein, dies zum Teil, weil die Politik die Möglichkeit bietet, spirituellen Problemen aus dem Wege zu gehen, zum Teil aber auch, weil revolutionäre Politik eine klare, strahlende Zukunft zu verheißen scheint, in der moralische Zweifel und Verwirrung vollkommen ausradiert sind. Am häufigsten verbreitet ist jedoch, daß wir unverhältnismäßig große Angst vor jeder Art von Kritik haben und deshalb Situationen meiden, die uns einer negativen Beurteilung aussetzen könnten, und uns tödlich beleidigt zeigen, wenn jemand entsprechende Bemerkungen über uns macht. Aber keine dieser Strategien funktioniert wirklich. Wenn wir aus einem Minderwertigkeitsgefühl heraus Akte der Nächstenliebe vollbringen, achten wir ständig darauf, ob man uns Dankbarkeit und Bewunderung entgegenbringt. Bleibt aber die gewünschte Resonanz aus, fühlen wir uns verdrossen und ärgerlich. Das Verfechten extremer politischer Ansichten kann eine scheinbare Befriedigung bieten, solange sich keine Gelegenheit bietet, die Ideen, für die man kämpft, in die Wirklichkeit umzusetzen, dies würde die utopische Illusion zerstören. Und Furcht vor Kritik umgeht nur das Problem persönlicher Unzulänglichkeit, ohne es jedoch zu lösen.

In der Laienkirche ist die Beichte oft eher eine formelle, oberflächliche Angelegenheit. Sie kann als allgemeines Sündenbekenntnis im Rahmen eines Gottesdienstes erfolgen, bei dem alle die gleichen Gebetsformeln sprechen. Selbst bei der individuellen Beichte vor einem Priester kann man sich einer bestimmten Formel bedienen. In den meisten Klöstern kann das Beichten dagegen eine ausgedehnte und tiefgehende Angelegenheit sein, bei der der Beichtvater die innersten Herzensgeheimnisse seines Beichtkindes erforscht. In den koptischen Klöstern Ägyptens und Äthiopiens sitzen sich der beichtende Mönch und sein Beichtvater, der in der Regel ein älteres Mitglied der Ordensgemeinschaft ist, Auge in Auge in der Zelle des Beichtvaters gegenüber und führen ein Gespräch, bei dem der Beichtvater die bohrendsten Fragen stellen kann. Auf diese Weise werden im Laufe der Monate und Jahre die wahren Ursachen der Schuldgefühle bloßgelegt. Selbstverständlich handelt der Beichtvater nicht aus eigener Vollmacht; vielmehr vertritt er Gott. Am Ende jeder Beichtsitzung bittet er den Mönch, der die Beichte abgelegt hat, alles bei der Beichte Gesagte in einem Gebet an Gott zusammenzufassen. Dann spricht er die Absolution und versichert den Mönch der Vergebung Gottes für alle begangenen Sünden und fordert ihn gleichzeitig auf, sich in Zukunft mehr an Gottes Moralgesetze zu halten.

Heute wird diese alte klösterliche Form der Beichte allmählich immer mehr angenommen, dies nicht nur von Angehörigen der Kirche, sondern auch von Menschen ohne religiöse Bindung. Erkennen doch immer mehr Menschen, daß Schuldgefühle keine krebsartige Wucherung der Seele sind, an der nur ein paar seelisch Gestörte leiden, sondern eine allgemein verbreitete menschliche Eigenschaft. Wir müssen sie nicht ausrotten, sollten aber sicherstellen, daß sie sich auf zuträgliche und kreative Weise entfalten. Deshalb suchen die Menschen jemanden auf, mit dem sie ihre innersten Gefühle erforschen und insbesondere die Ursachen ihres Schuldbewußtseins und ihrer Minderwertigkeitskomplexe ausloten können. Ist dies geschehen, stehen sie vor einer doppelten Aufgabe: Zunächst gilt es für sie zu erkennen, daß das Schuldbewußtsein, das ihr Selbstvertrauen untergräbt, fehl am Platze ist und daher umgeleitet werden muß. Zweitens aber müssen sie Methoden erlernen, mehr im Einklang mit jenen Gefühlen der Schuld zu leben, von denen gesunde, angemessene Signale ausgehen. Dieser Vorgang wird heute oft eher als »Beratung« bezeichnet und nicht als »Beichte«, doch im wesentlichen ist es das gleiche: Die Ermutigung, die der Berater gibt, entspricht der Zusicherung der Vergebung Gottes durch den Beichtvater; und die Entwicklung einer besseren Lebensweise stimmt mit den moralischen Geboten des Beichtvaters überein.

Wenn ein Mönch in einem Kloster mit all der moralischen Unterstützung und dem Schutz, den eine klösterliche Gemeinschaft bietet, einen Beichtvater braucht, haben wir in der Welt spirituellen und moralischen Rat noch viel nötiger. Einige von uns haben vielleicht die Möglichkeit, sich einem Beichtvater traditionellen Stils anzuvertrauen. Andere bevorzugen eher einen Ratgeber modernerer Prägung. Doch, wie Aelred von Rievaulx lehrte, kann uns ein guter, vertrauenswürdiger Freund, der sich in der Lage fühlt, sich unsere geheimsten Gedanken und Gefühle anzuhören und uns kraftvollen, ungeschminkten Rat zu erteilen, den gleichen Dienst erweisen. Tatsächlich kann ein Freund uns weit mehr Selbstbestätigung geben, denn er rät uns aus Liebe, nicht weil es sein Beruf ist. Doch ob wir nun einen Beichtvater, einen Ratgeber oder einen Freund haben, die spirituelle Arbeit, bei der sie uns helfen, ist wesentlich für unsere geistige und moralische Gesundheit.

AUFGABE

Schreibe alles auf, was in dir Schuldgefühle hervorruft, ganz gleich, ob es Handlungen oder Unterlassungen sind. Markiere dann die Punkte, bei denen dein Schuldgefühl angemessen erscheint, und streiche die aus, wo es fehlgeleitet ist.

GLEICHMUT

Wir glauben, daß Gott überall gegenwärtig ist und alles
sieht, was wir tun. Deshalb müssen wir jeden Augenblick
gewiß sein, daß wir sein Werk vollbringen. Auf diese
Weise werden wir inneren Frieden finden.   *Benedikt*

Wer ein Kloster besucht, ist oft verblüfft über die Ruhe
und den Frieden, den sowohl das Kloster selbst als auch
seine Bewohner ausstrahlen. Die Mönche und Nonnen
scheinen in Harmonie und Freundschaft zu leben, und
ihre andachtsvolle Liebe scheint das Mauerwerk der
Bauten zu durchdringen, so daß ein Geist des Friedens
über der gesamten Klostergemeinschaft liegt. Doch Gespräche mit den Ordensleuten vermitteln einen völlig
anderen Eindruck. Sie berichten vielleicht von heftigen
Szenen in der Klosterküche, bei denen ein Mönch einem
anderen den Inhalt eines Suppentopfs über den Kopf
schüttete; oder sie schildern Szenen erbitterter Eifersucht
wegen der Zuteilung von Zellen, wobei Mönche mit dem
Fuß aufstampften und den Abt verfluchten, weil man
ihnen dumpfe Zellen unmittelbar über der Müllecke zu-
gewiesen hatte. Zweifellos wird man auch von Zeiten
berichten, in denen der Ungeist des Zorns wie ein hei-
ßer, trockener Wind durch die Kreuz- und Wandelgänge

des Klosters zu wehen scheint. Ein Ort, der für einen Außenstehenden so heiter wirkt, mag in Wirklichkeit eine Stätte voller Spannungen und Ärgernisse sein.

Für diesen Widerspruch gibt es eine einfache Erklärung. Der spirituelle und emotionale Streit innerhalb eines Klosters ist diszipliniert: In Gebeten und in einem endlosen Zyklus von Beichte und Vergebung ringen die Ordensleute darum, all ihre Gefühle auf Gott zu richten. Sogar so eklatante Lieblosigkeiten wie das Auskippen eines Kochtopfs über dem Kopf eines Ordensbruders werden im gemeinsamen Gebet aufgefangen. Thomas Merton zufolge zeigt sich Heiligkeit nicht darin, daß man Zorn und Aggression unterdrückt oder verleugnet, denn beide sind natürliche Bestandteile der menschlichen Psyche. Sie besteht eher darin, beide als Quellen geistiger und körperlicher Lebenskraft zu nutzen – und in dem Maße, wie wir damit Erfolg haben, kann unser Leben friedlich und harmonisch verlaufen. Die Mönche selbst sind sich oft der Zeiten bewußt, in denen ihre Schutzmechanismen versagen und heftige Emotionen ungezügelt ausbrechen. Doch in der Regel ist das Kloster von einer Atmosphäre harter Arbeit und energiegeladener Ruhe erfüllt, wenn die Mönche erfolgreich ihre aggressiven Gefühle so kanalisieren können, daß sie kreativen Zwecken dienen – und es ist diese Atmosphäre, die Besucher spüren.

Neben Gebet und Beichte haben die Mönche zwei weitere Verbündete in ihrem Ringen um Gleichmut. Da ist zunächst der beständige Rhythmus des alltäglichen Lebens im Kloster. Da er sehr anstrengend ist und an die Ordensleute große Anforderungen stellt, bietet er wenig Anlaß zu aggressiven Gefühlen. Tatsächlich ist einer der verblüffendsten Aspekte des klösterlichen Lebens, daß ein so ungeheures Arbeitspensum mit so wenig Streß geleistet wird – und dies ist ausschließlich ihrer unerschütterlichen, gleichbleibenden Routine zu verdanken. Zudem kann solch eine Art von Streß, wie er bei ihnen auftritt, durch Handarbeit aufgelöst werden. Fast jede Ordensregel schreibt den Klosterleuten vor, bis zu vier oder sechs Stunden täglich einen Spaten oder einen Schrubber zu schwingen. Es ist ja auch weitaus besser, heftigen Zorn an einem Erdklumpen oder einem hartnäckigen Fleck auf dem Fußboden auszulassen als an einem Mönchsgefährten.

In den Ländern des westlichen Kulturkreises ist heutzutage Streß eine der wichtigsten Ursachen für Unwohlsein, Krankheit und vorzeitigen Tod. Ein Manager kann sich an einem ganz normalen Tag im Büro ein dutzendmal in Situationen befinden, die in ihm Ärger auslösen: Mit einem Kunden muß ein Geschäft abgeschlossen werden, wobei es einen Konkurrenten zu schlagen gilt; ein unangenehmer jüngerer Mitarbeiter beklagt sich völlig ohne Grund über seine Arbeitsbedingungen; ein junger Auszubildender erscheint schon das dritte Mal in einer Woche zu spät zum Dienst; der Geschäftsführer verlangt eine Erklärung für die niedrigen Produktionszahlen des laufenden Monats – und so weiter. Schlimmer noch: Auf dem Weg ins Büro und auf dem Heimweg muß er sich mit seinem Auto durch dichten Verkehr quälen oder in einem überfüllten Zug stehen. Wenn sich in ihm immer größere körperliche und seelische Spannungen aufbauen, verfügt er nicht über die Mittel, sich durch physische Aktivität davon zu befreien. Wenn er dann schließlich zu Hause ankommt, braucht er zwei bis drei Stunden, um sich zu entspannen und auszuruhen.

Doch nicht nur, daß es uns nicht gelingt, streßreiche Situationen zu meiden – viele von uns suchen sie geradezu. Statt an Wochenenden in aller Ruhe unseren Garten umzugraben oder einen Spaziergang zu machen, fahren wir weite Strecken auf überfüllten Straßen zu irgendwelchen Vergnügungsparks oder Badeplätzen am Strand, wo unsere aggressiven Gefühle weitere Impulse erhalten. Der Grund dafür ist, daß Streß süchtig macht. Körper und Geist werden von der Streßreaktion abhängig, die das Herz rascher schlagen läßt, die Muskeln anspannt und unsere Sinne reizt – genauso wie wir süchtig nach Drogen werden können. Folglich hat für viele von uns die Aussicht auf einen Tag mit echter Entspannung und ruhiger körperlicher Aktivität geradezu etwas Erschreckendes. Wie ein Drogensüchtiger, dem man seinen Schuß in den Arm verweigert, leiden sie an schmerzhaften Entzugserscheinungen.

Auf lange Sicht können die Auswirkungen von ständigem Streß ebenso verheerend sein wie ständiger Drogenkonsum. Zu Anfang treten kleinere, aber dennoch belastende Störungen, wie Schlaflosigkeit, Gesichtszuckungen und heftige Kopfschmerzen auf. Doch im Laufe der Jahre wird die Wahrscheinlichkeit schwerer Erkrankungen zunehmend größer, darunter Herzleiden, Bluthochdruck, Zuckerkrankheit, Krebs, aber auch geistige Erkrankungen, wie manische Depression. Ohne Zweifel verkürzt übermäßiger Streß nicht nur das Leben, sondern macht es auch weniger lebenswert.

Wenn Gebet die Grundlage klösterlicher Ausgeglichenheit ist, dann ist es auch der beste Einstieg in eine

Streßtherapie. Schon wenn man zehn oder fünfzehn Minuten täglich in Stille zubringt und dies vielleicht noch durch spirituelle Lektüre vertieft, verfügt man über ein vorzügliches Mittel gegen den Streß. Doch vor allem geben wir uns durch Gebet in Gottes Hände, bitten ihn, uns zum Gleichmut zu führen und uns Mut zu machen, seine Führung anzunehmen. Unsere Lebensweisen sind so vielfältig, daß auch die Führung, die wir brauchen, von Person zu Person sehr unterschiedlich sein wird. Ein vielbeschäftigter Manager sollte vielleicht weniger arbeiten, jeden Morgen, bevor er ins Büro fährt, schwimmen gehen und zu bestimmten Zeiten nicht ans Telefon gehen – wenn er sich nicht sogar dazu entschließt, seine gegenwärtige Tätigkeit aufzugeben und eine Arbeit zu suchen, die seinem Temperament besser entspricht. Eine junge Mutter dagegen, die von ihren kleinen Kindern zur Verzweiflung gebracht wird, muß vielleicht ihrem Nachwuchs mehr Disziplin auferlegen und bei der Ausübung ihrer Haushaltspflichten konsequenter mit sich selbst umgehen – sie sollte vielleicht erwägen, sich eine Hilfe zu nehmen, die ein paar Stunden täglich auf die Kinder aufpaßt, während sie selbst einige Stunden arbeiten geht. Doch auf jeden Fall kann man Gleichmut nur erfahren, wenn man den täglichen Arbeiten einen gleichmäßigen, beständigen Rhythmus gibt und dieser Rhythmus auch körperliche Betätigung einschließt.

Ebenso wie Aggression an sich etwas ganz Natürliches ist, entspricht auch eine beständige tägliche Routine unserer Natur. Unsere frühen Vorfahren mußten ausnahmslos jeden Morgen im Wald Beeren, Samen und Wurzeln als Nahrung sammeln sowie auf die Jagd gehen. Der Höhepunkt der Jagd war in der Regel sehr aufreibend und erforderte das erfolgreiche Einsetzen auch der geringsten Aggression. Der Streß wurde auf gesunde Weise durch Laufen und Speerwerfen abgebaut. Am Nachmittag mußten sie dann die Samenkörner mahlen, die erlegten Tiere häuten und die Speerspitzen für die Jagd des nächsten Tages schärfen. Auf seine eigene Weise ahmt das Klosterleben das Leben im Wald nach, und deshalb rühmte man an Mönchen und Nonnen ihre blühende Gesundheit, ihre seelische Ausgeglichenheit und ihr langes Leben. Wenn auch wir mit unseren besonderen Möglichkeiten unsere frühen Vorfahren nachahmen können, werden wir denselben Nutzen daraus ziehen. Dies kann vielleicht bedeuten, daß wir in einem weniger streßreichen Beruf weniger Geld verdienen – doch das ist ein geringer Preis für ein friedfertiges Herz und einen ruhigen Geist.

AUFGABE

Rufe dir die letzten sieben Tage ins Gedächtnis und lege ein Tagebuch darüber an, wie du deine Zeit verbracht hast. Schau dir dann dieses Tagebuch an und frage dich, ob du deine Zeit auf eine Weise verbringst, die sowohl erfüllend wie auch erhaltend ist, oder ob du unter unnötigem Streß leidest, der letztlich deiner Gesundheit schadet.

SCHLAF

Wenn wir uns geistig und körperlich zum Schlafen
rüsten, sollten wir uns vorstellen, Geist und Körper
den liebenden Armen Gottes anzuvertrauen.

Theresa von Avila

Während der Sommermonate gestand der heilige Benedikt seinen Mönchen nur fünf Stunden Schlaf zu, und
selbst diese kurze Zeitspanne wurde noch durch nächtliche Gebete in der Kapelle unterbrochen. Daher schliefen
die Mönche nur drei Stunden im ersten Teil der Nacht und
zwei weitere Stunden später. Im Winter wurde diese Regel
gelockert, damit sie volle neun Stunden im Bett verbringen konnten. Doch dies diente nicht dem Zweck, ihnen
mehr Schlaf zu gönnen. Vielmehr sollten sie im Bett bleiben, um sich zu wärmen, und es wurde von ihnen erwartet, die zusätzlichen Ruhestunden in schweigender Meditation zu verbringen. So streng sie war – in den Augen
vieler stellte Benedikts Regel im Vergleich zum harten Leben der ersten Wüstenväter ein Nachlassen von Disziplin
dar. Männer wie Antonius und Pachomius betrachteten
den Schlaf als Verweichlichung und waren der Ansicht,
ein Mönch voller Hingabe sollte sich mit so wenig Schlaf
begnügen, wie sein Geist und sein Körper es zuließen.

Diese Einstellung der Klosterleute zum Schlaf blieb – wie ihre Haltung gegenüber der Nahrungsaufnahme – länger als ein Jahrtausend vorherrschend. Deshalb aßen gläubige Christen während des gesamten Mittelalters nur sparsam und schliefen wenig. Doch im 18. und 19. Jahrhundert schlug die allgemeine Auffassung darüber ins Gegenteil um. Von einer dicken Fettschicht eingehüllt zu sein und Nacht für Nacht acht oder mehr Stunden zu schlafen galt als Zeichen einer guten körperlichen Verfassung und Gesundheit. Tatsächlich beglückwünschten die Menschen einander zu ihrer Leibesfülle und erkundigten sich am Morgen beim anderen, ob er gut geschlafen habe – womit sie vor allem die Anzahl der Stunden meinten. Heute sind wir dem Essen gegenüber wieder zu einer klösterlichen Haltung zurückgekehrt, wenigstens im Hinblick auf die Menge der Nahrung, die wir zu uns nehmen. Doch gegenüber dem Schlaf halten wir noch immer an der Einstellung des Viktorianischen Zeitalters fest. Nun gilt zwar als gesund, wer schlank ist und keine überflüssigen Pfunde hat, doch darf er zumindest ein Drittel seines Lebens verschlafen.

Philosophen und neuerdings auch Biologen haben über Bedeutung und Vorgang des Schlafs nachgedacht, ohne jedoch allzutief in seine Geheimnisse vorgedrungen zu sein. Wir wissen noch immer nicht genau, was uns einschlafen läßt und welchem Zweck der Schlaf dient. Bei den Tieren, die Winterschlaf halten, besteht eine Funktion des Schlafes darin, während der kargen Wintermonate Energie zu sparen. Vielleicht verbringen wir ja die Nacht im Schlummer, weil es im Wald, wo unsere Art sich entwickelte, unmöglich war, im Dunkel der

Nacht zu jagen und zu sammeln. Im Schlaf ruhen auch Gehirn und Körper – allerdings haben Experimente von Naturwissenschaftlern gezeigt, daß wir uns im wachen Zustand ebensogut entspannen können. Doch in einem Punkt stimmen die Ansichten der Mönche früherer Zeiten und moderner Forscher überein: Um am Leben zu bleiben und uns wohlzufühlen, brauchen wir viel weniger Schlaf, als die meisten Menschen meinen nötig zu haben. Vor kurzem haben Experimente gezeigt, wie sinnvoll Benedikts Regel ist, nach der fünf Stunden Schlaf völlig ausreichen. Wenn wir allmählich die Zeit reduzieren, die wir im Bett verbringen, paßt sich unser Schlafverhalten nach und nach an, so daß wir in der Tat tiefer schlafen und die Phasen leichten Schlafs fast ganz auslassen. Auf diese Weise fühlen wir uns tatsächlich durch weniger Schlaf viel mehr erfrischt.

Schlaflosigkeit ist heute eines der am meisten verbreiteten Leiden, weshalb Menschen einen Arzt aufsuchen. Es werden ungeheure Mengen an Schlafmitteln verschrieben, obwohl sie drastische Nebenwirkungen haben, die wir heute erst erkennen, und obwohl ihre Heilwirkung nach mehrwöchigem Gebrauch nachläßt. Manche beklagen sich heute, daß es ihnen schwerfällt einzuschlafen, während andere beunruhigt sind, weil sie zu früh aufwachen. Schlaflosigkeit hat die verschiedensten Gründe, doch in jedem Fall kann man sie bekämpfen, wenn man die Disziplin des Klosterlebens befolgt. Die erste Ursache ist, daß man versucht, mehr Stunden zu schlafen, als der Körper will oder braucht. Statt sich darüber zu beunruhigen, daß man zu wenig schläft, sollte man sich eher wie die Wüstenmönche darüber freuen, daß einem das Wachsein mehr Zeit für Gebet und Meditation läßt – oder auch mehr Zeit zum Lesen oder Fernsehen. Diese Ursache scheinbarer Schlaflosigkeit spielt besonders bei älteren Menschen eine große Rolle, die oft nicht in der Lage sind, über einen längeren Zeitraum durchzuschlafen, gleichzeitig aber auch nicht so lange wachbleiben können. Tatsächlich nehmen ältere Leute die meisten Tabletten, um sich »eine lange Nachtruhe« zu verschaffen. Benedikts Regel erlaubte es älteren Mönchen, im Laufe des Tages ein oder mehrere Nickerchen zu halten. Dies ist die Lösung für alle älteren Menschen, die es nur auf drei, vier oder fünf Stunden Schlaf pro Nacht bringen, sich dann aber den ganzen Tag über schläfrig fühlen. Sie sollten nicht krampfhaft versuchen, den nächtlichen Schlaf zu verlängern, sondern eher einen kleinen Mittagsschlaf nach dem Essen und vielleicht auch noch einen kurzen Schlummer in den frühen Abendstunden halten. Auch viele jüngere Menschen werden die Entdeckung machen, daß ein kurzer Mittagsschlaf sie für den Nachmittag neu belebt.

Die zweite, weit verbreitete Ursache der Schlaflosigkeit ist die Unregelmäßigkeit unseres Tagesablaufs. Einzuschlafen ist im Gegensatz zum Essen nichts, was wir planmäßig tun, es geschieht vielmehr unwillkürlich. Der Prozeß des Schlafens und Wachwerdens wird von der Körperuhr in unserem Gehirn geregelt. Es kann zwei oder drei Tage dauern, diese Körperuhr um eine einzige Stunde zu verstellen, und bis zu zwei Wochen, sie gar acht Stunden vor- bzw. nachzustellen. Menschen, die in wechselnden Schichten arbeiten oder deren Beruf es mit sich bringt, daß sie bei ihren Reisen um die Welt in unterschiedliche Zeitzonen kommen, können dies bestätigen. In den Klöstern herrscht dagegen eine strenge Routine, denn man geht jeden Tag um die gleiche Zeit zu Bett und steht jeden Tag zur gleichen Zeit wieder auf. Auf diese Weise wird die Körperuhr völlig synchron gestellt, so daß die Mönche stets zur rechten Zeit einschlafen und wieder aufwachen. Viele von uns schlafen schlecht, weil wir ständig unsere Schlafgewohnheiten ändern und vielleicht wegen einer Einladung sehr lange aufbleiben, dafür aber an den Wochenenden bis weit in den Vormittag hinein im Bett liegen. Wir brauchen nur jeden Morgen zur gleichen Zeit aufstehen und uns bemühen, abends zur gleichen Zeit ins Bett zu gehen, und schon ist ein gesunder Schlaf gesichert.

Die dritte Ursache sind die Nahrungsmittel und die Getränke, die wir zu uns nehmen. Weithin ist bekannt, daß Tee und Kaffee Anregungsmittel sind, die das Herz schneller schlagen lassen, zur Anspannung der Muskeln führen und den Geist wach machen. Doch viele, die sich über schlechten Schlaf beklagen, trinken noch spät am Abend Tee und Kaffee. Auch Tabak – oder genauer Nikotin – ist ein Anregungsmittel, und deshalb kann Rauchen ebenfalls Schlaflosigkeit verursachen. Der beste Rat, den man hier geben kann, ist der, zu jeder Zeit auf alle Anregungsmittel zu verzichten, und dies schließt auch Schokolade, colahaltige Getränke und einige andere kohlensäurehaltige Getränke ein, die gleichfalls Coffein enthalten. Tatsächlich halten sich auch einige streng geführte Klöster an diese Regel, weil Stimulanzien ebenso wie Beruhigungsmittel der Seele und dem Körper schaden. Wenn jedoch ein so hoher Maßstab nicht erreichbar ist, sollten sie doch wenigstens am Abend vermieden werden. Alkohol, der wie ein Beruhigungsmittel wirkt, hilft vielleicht beim Einschlafen, doch der Schlaf eines Betrunkenen ist unregelmäßig, erfrischt nicht und ist in der Regel auch kurz. Deshalb sollten wir, wie Benedikt es seinen Mönchen vorschreibt, unseren Getränkekonsum am Abend einschränken.

Äthiopische Mönche lehrten viele Jahre lang, daß übermäßiges Essen Körper und Geist nicht zur Entspannung kommen läßt und auf diese Weise Gebet, Meditation und auch den Schlaf verhindert. Neuere Forschungen haben gezeigt, daß die Stoffwechselaktivität zu- oder abnimmt je nach der Menge, die wir essen – dies betrifft vor allem die Kohlehydrate. Daher hat, wer sparsam ißt, in der Regel einen sehr schwachen Stoffwechsel – und dies wiederum kann ihm zu einem besseren und gesünderen Schlaf verhelfen.

Die vierte Ursache der Schlaflosigkeit ist Streß. Ständige starke Nervenbelastung kann zu einer ganzen Reihe von Krankheiten bis hin zu Herzleiden führen, und sie setzt auch unsere Widerstandskraft gegen Infektionen durch Viren und Bakterien herab. In manchen Fällen beeinträchtigt sie den Schlaf nicht, doch bei vielen Menschen führt Streß zu Schlafstörungen. Schon nach kurzer Zeit kann der Schlaflose in einem äußerst quälenden Teufelskreis gefangen sein: Da er sich tagsüber zunehmend müde fühlt, sieht er sich durch die Bemühung, wach und leistungsfähig zu bleiben, immer stärkerem Streß ausgesetzt, und dies wiederum verstärkt seine nächtliche Schlaflosigkeit. Auf lange Sicht jedoch ist Schlaflosigkeit der natürlichste Weg, Geist und Körper zu zwingen, die Bremse zu ziehen, da ein Punkt erreicht ist, wo es unmöglich ist, gegen die Erschöpfung anzukämpfen – ein Punkt, der gewöhnlich als »Zusammenbruch« bezeichnet wird. Selbstverständlich ist es besser, diese Warnung zu beachten, bevor ein solcher Zusammenbruch erfolgt.

Das größte Geheimnis des Schlafs sind die Träume. Jede Religion kennt Überlieferungen, die davon berichten, daß Träume genau die Zukunft vorausgesagt haben. Doch sowohl Religion als auch Psychologie lehren, daß Träume uns einen wertvollen Einblick in unsere tiefsten Gefühle und Gemütsbewegungen gewähren. Einstellungen, die wir im wachen Zustand nicht zulassen können, finden im Traum ihren Ausdruck. Deshalb können Träume, wenn man sie nicht vergißt, gleichsam das Material für unsere Gebete und Meditationen liefern. Tatsächlich werden in Äthiopien, wo Träume stets als Bestandteil religiöser Erfahrung eine wichtige Rolle gespielt haben, diejenigen, die nach Heiligkeit streben, dazu angehalten zu beten, wenn sie einschlafen und erwachen, so daß sich Gebet und Traum vermischen. Wenn sich der Schlaf anfänglich nicht einstellen will, ist das Gebet ein sehr viel wirksameres Mittel als jedes Medikament, einen gesunden Schlaf herbeizuführen.

AUFGABE

Wenn du dich an die letzten sieben Tage erinnerst, lege ein Tagebuch darüber an, wann du eingeschlafen und aufgewacht bist, aber auch, wann du dich tagsüber müde und abgespannt gefühlt hast. Dann überlege, ob du gut und erholsam schläfst, oder ob ein anderes Schlafverhalten besser wäre.

FEIERTAGE UND FERIEN

An den Tagen, an denen wir feiern, erinnern wir uns
nicht einfach an Ereignisse der Vergangenheit, wie etwa
die Geburt Jesu oder seine Auferstehung. Diese Ereignisse
finden vielmehr in unserem Herzen erneut statt, und wir
werden Teil von ihnen.   *Filippo Neri*

In den strengen koptischen Klöstern Ähtiopiens essen
die Mönche von Montag bis Sonnabend nur kalte Bohnen und Brot. Um so mehr freuen sie sich, wenn sie sich
am Sonntag zum Essen versammeln, auf einen kochend
heißen Eintopf aus Fleisch und Gemüse. In der Advents-
und Fastenzeit leben sie nach noch strengeren Regeln
und essen während der Woche nur Brot und warme
Bohnen am Sonntag. Deshalb sind sie hocherfreut, wenn
sie in den zwölf Tagen zwischen Weihnachten und Drei-
könige sowie in den acht Tagen der Woche nach Ostern
zu jeder Mahlzeit ein Eintopfgericht aus Fleisch und
Gemüse vorgesetzt bekommen. Die Feier des Sabbats
und der höchsten Feste des Kirchenjahrs spiegelt sich
auch in ihrer Andacht wider. Unter der Woche sowie
während der Advents- und Fastenzeit singen sie keine
Hymnen und tragen lediglich ihren groben grauen Habit. Doch am Sonntag singen sie und kleiden sich in far-

benprächtige Gewänder. An Feiertagen tanzen sie sogar und schwingen bunt bemalte Stöcke.

Die äthiopischen Mönche unternehmen auch Pilgerfahrten, um sich geistig zu erneuern. Sie wissen, daß ein Mönch, wenn er das ganze Jahr nur im Kloster verbringt, unter Umständen apathisch und gleichgültig werden kann, unfähig, sich an der Andacht oder seiner Arbeit zu erfreuen. Ferner verliert er das Gefühl für angemessenes Verhalten, so daß ihn kleinere Mißgeschicke innerhalb des Klosters völlig aus der Fassung bringen und die banalsten Anlässe ihn zornig machen. Deshalb kann ein Mönch auf Wunsch sein Kloster einige Wochen oder sogar Monate verlassen, um ein anderes Kloster oder eine Kirche von besonderer Bedeutung aufzusuchen. Manche Mönche gehen lieber allein, andere jedoch in Gruppen und fordern auch Laien aus dem Klosterbereich auf, sich ihnen anzuschließen, so daß lebhafte Unterhaltung die Beschwerlichkeit der Reise erleichtern hilft – nicht anders als in Chaucers *Canterbury Tales (»Canterbury Erzählungen«)*. Kehrt ein Mönch von einem solchen Ausflug zurück, ist seine Freude am Klosterleben neu erwacht, und er kann auch wieder über die kleinen Zwischenfälle des Klosteralltags lachen.

In Nordeuropa waren die protestantischen Reformatoren des 16. Jahrhunderts Wallfahrten gegenüber äußerst mißtrauisch, und an einigen Orten wurden sie ganz verboten. Fürchteten sie doch zu Recht, daß die Stätten, zu denen man pilgerte – oder, genauer, die Objekte, die man an solchen Stätten verehrte, wie zum Beispiel Heiligenreliquien – in einer derart unangemessenen Weise verehrt wurden, daß sie zu Götzenbildern wurden. Ihnen mißfiel auch das schlechte Geschwätz und Verhalten, das Pilger oft an den Tag legten. Katholische Länder teilten diese Befürchtungen nicht, doch selbst dort wurden seit dem 19. Jahrhundert die alten Pilgerstraßen nicht mehr benutzt. Seit den letzten Jahrzehnten hat jedoch ein neuer Geist der Pilgerschaft die westliche Welt erfaßt. Die Möglichkeit, einen mehrwöchigen Urlaub zu nehmen, hat immer mehr Menschen dazu bewogen, den geschäftigen Seebädern und überlaufenen historischen Stätten aus dem Weg zu gehen und statt dessen spirituelle Orte der Kraft aufzusuchen. Mag sein, daß sie den Spuren eines großen Heiligen wie Patrick von Irland folgen und sich dadurch zu Kirchen, Klöstern und Höhlen führen lassen, die in seinem Leben eine Rolle spielten; oder sie werden vielleicht alte Klöster und Abteien besuchen. Wenn diese modernen Pilger erst einmal im Kloster angekommen sind, verbringen sie dort mehrere Tage und Nächte in Abgeschiedenheit von der Welt und nehmen gemeinsam mit den Mönchen an der Andacht teil.

Neben diesen traditionellen Pilgerstätten haben Orte von großer natürlicher Schönheit den Ruf erworben, heilig zu sein, so daß man sie voller Ehrfurcht besucht. In einer Welt, in der menschliche Gier so viel von der Schöpfung Gottes zerstört hat, fühlen wir uns zu jenen Gebieten hingezogen, wo die Natur noch unversehrt ist – wo man das Werk der Hände Gottes noch immer in seiner ehrfurchtgebietenden Pracht bewundern kann. Es ist das Verdienst von Regierungen in aller Welt, daß sie damit begonnen haben, solche Gebiete zu schützen und holzverarbeitende Unternehmen und landwirtschaftliche Betriebe daran hindern, Bäume zu fällen und das Land umzupflügen, daß sie andererseits aber auch Wanderwege angelegt haben, damit Besucher die Schönheit der Natur bewundern können, ohne sie zu zerstören. In der Tat erinnern die Ehrfurcht und Aufmerksamkeit, die man diesen Stätten heute entgegenbringt, an die Verehrung, welche die Kirche des Mittelalters Heiligengräbern und Reliquien gegenüber zeigte.

Meistens reisen moderne Pilger allein oder mit ihren Familien. Doch organisieren örtliche Kirchengemeinden heute auch Ausflüge, bei denen 40 bis 50 Menschen mit einem Bus zu einer heiligen Stätte gefahren werden. Zur spirituellen Bedeutung solcher Fahrten kommt die Möglichkeit, Freundschaften zu schließen, hinzu, an der sich auch die Pilger in Chaucers *Canterbury Tales* erfreuen. Man sieht einander in einem neuen Umfeld, nimmt gemeinsam die Mühen der Reise auf sich, man lacht, schwatzt und singt zusammen. Dadurch fallen die unsichtbaren Schranken vorsichtigen höflichen Umgangs miteinander, so daß nach der Rückkehr in den gewohnten Alltag das Gemeinschaftsleben innerhalb der Kirchengemeinde wärmer und vertrauensvoller geworden ist. Auch Kinder können die entspannte Atmosphäre eines gemeinsamen Ausflugs genießen und sich als vollwertige Mitglieder der christlichen Gemeinde fühlen, wie dies im förmlichen Rahmen des sonntäglichen Gottesdienstes kaum möglich ist.

Am Sonntag oder an Feiertagen bietet sich dagegen ein weniger erfreuliches Bild, da weltliche Einflüsse traditionelle Sitten und Bräuche verdrängt haben. In den meisten westlichen Ländern ist der Sonntag längst kein Tag der Andacht und der Ruhe mehr, vielmehr ist er für die meisten ein Tag der krampfhaften Suche nach Vergnügen und einträglichem Handel geworden. Auch Christen werden oft davon mitgerissen, so daß sie die Kirche Kirche sein lassen, sich amüsieren und Profit machen. Der Advent ist längst keine Zeit der Buße mehr, sondern angefüllt mit »Weihnachtsfeiern« und hektischen Vorbereitungen auf ein Weihnachtsfest, dessen religiöse und moralische Bedeutung heute weitgehend hinter der Bedeutung von Essen, Alkohol und albernen Fernsehprogrammen verschwunden ist. Die Fastenzeit ist für Christen noch immer eine Periode der Abstinenz, in der man auf ein oder zwei Lieblingsspeisen verzichtet und vielleicht etwas mehr liest. Mit Ostern dagegen weiß man schon sehr viel weniger anzufangen: Das Mysterium der Auferstehung Christi regt die Phantasie der Menschen nicht mehr an – fügt es sich doch nicht in das moderne rationalistische Weltbild des Abendlands. Das dritte große christliche Hochfest, Pfingsten, zählt heute kaum noch. Dies gilt besonders für all die Länder, in denen der darauffolgende Montag kein gesetzlicher Feiertag mehr ist.

Es ist äußerst schwierig für Christen – dies gilt aber auch für Angehörige jeder anderen Glaubensgemeinschaft –, eine festliche Atmosphäre zu schaffen, wenn die Gesellschaft, in der sie leben, religiös uninteressiert ist. Weihnachten konnte nur als Höhepunkt des Kirchenjahrs überleben, weil es auch ein weltliches Fest geworden ist. So konnte sich die Kirche sozusagen von der diesseitigen Welt ein Stück festlichen Glanzes zurückholen. Doch da die Welt den Sonntag und alle anderen größeren Feiertage ignoriert, besteht für christliche Feste die Gefahr, ganz unterzugehen. Freilich können christliche Kirchen sich diesen Trends widersetzen, wenn sich, wie in einem Kloster, die ganze Gemeinde zur gemein-

samen Feier trifft und sich, ebenfalls wie in einem Kloster, die Menschen durch eine Zeit der Buße auf das Fest
vorbereiten. Wenn wir einfachere Speisen zu uns nehmen und auch die Andacht im Advent und in der Fastenzeit schmuckloser gestalten, stellen wir fest, daß wir
uns nach innen wenden, über unseren eigenen spirituellen Weg nachdenken und Gott bekennen, wie oft wir
Fehler gemacht haben. Wenn dann das Fest naht, hungert unser Körper nach gutem Essen, und unsere Seelen
sind bereit für den Segen Gottes. Wenn wir uns dann zu
einer Art Festmahl und zu einem gemeinsamen Gottesdienst zusammenfinden, verbinden sich das körperliche
Vergnügen des Essens und der spirituelle Frieden, der
aus dem Wissen um die Vergebung Gottes erwächst, zu
einer Atmosphäre uneingeschränkter Freude.

Ein solches Fest ist wahrhaft ein »Feiertag« – ein Tag,
an dem man eine gemeinsame Feier begeht. Genauso
wie jeder Tag einen regelmäßigen Rhythmus von Arbeit, Andacht und Ruhe braucht, gilt dies auch für jede
Woche und jedes Jahr. Dieser tägliche, wöchentliche und
jährliche Rhythmus ist von größter Bedeutung für unsere seelische Ausgeglichenheit und unser körperliches
Wohlbefinden. So helfen uns der Sonntag, die jährlichen
Feiertage und gelegentliche Klosteraufenthalte, ein Gefühl von Ganzheit zu erreichen und zu bewahren.

AUFGABE

Überschaue die letzten zwölf Monate und notiere dir,
welche freien Tage du dir genommen hast, und zwar
sowohl einzelne freie Tage als auch längere Zeiträume.

Frage dich, ob du genug freie Zeit hattest und ob du diese Zeit gut genutzt hast, um deine Lebenskraft zu erneuern – oder ob die Ferien genauso streßreich und ermüdend waren wie die Arbeit.

GEISTLICHES AMT

Was deinem Herzen Freude bringt, ist nicht das ver-
liehene geistliche Amt, sondern die Liebe, die dich bei
seiner Ausübung erfüllt.   *Aelred*

Die Ordensregel der Benediktiner enthält Äußerungen
großer Besorgnis über den Eintritt geweihter Priester in
den Orden. Benedikt machte sich Gedanken darüber,
daß die anderen Mönche die Ordenspriester wegen ihres
geistlichen Amtes mit übertriebenem Respekt behan-
deln würden und daß andererseits die Ordenspriester
selbst bestimmte Privilegien, wie besseres Essen und pri-
vilegierte Plätze bei Tisch, beanspruchen und sich möglicherweise weigern, manuelle Arbeit zu verrichten, weil
sie diese als unter ihrer Würde empfinden. Für Benedikt
würde jeder derartige Unterschied zwischen Geistlichen
und Laien den Zusammenhalt und die Harmonie der
Gemeinschaft stören. Außerdem betrachtete Benedikt jeden Mönch – ja, jeden wahren Christen – als Priester in
dem Sinne, daß sie alle Gottes Werkzeug sind, das anderen Gottes Gnade übermittelt.

Benedikts Einwände gegen Priester fanden ihr Echo
in den Schriften jedes anderen großen Ordensgründers
oder Reformators. Im Grunde ist das Ordenswesen eine

Laienbewegung mit starker Betonung des Gleichheitsprinzips. Dies allerdings schuf für die Mönchsorden das Problem, eine Struktur und eine Form der Leitung zu finden, die Gleichheit bewahrte und die Teilnahme am geistlichen Amt unterstützte. Einige visionäre Ordensleute, wie Franz von Assisi, scheuten jeden Gedanken an Hierarchie und zogen eine glorreiche Anarchie vor, in welcher der Heilige Geist unmittelbar durch die Herzen der Menschen wirkte. Leider entwickelte der von ihm gegründete Orden schon zu seinen Lebzeiten starre Strukturen, die sich sowohl als autoritär herausstellten als auch von Priestern beherrscht. Allerdings wurden in den folgenden Generationen zahlreiche Versuche unternommen, diese Entwicklung rückgängig zu machen. Was Benedikt angeht, so hatte dieser nicht die geringsten Zweifel, daß ein klar abgesteckter Rahmen nötig war, innerhalb dessen der Heilige Geist das Kloster führen könnte. Deshalb verlangte er von jedem Kloster, einen Abt zu wählen, der, wie bereits aus seinem Titel hervorgeht, für die Gemeinschaft als Vater fungieren würde. Innerhalb der moralischen Grenzen des christlichen Glaubens verfügt der Abt über absolute Macht. Nach Ansicht Benedikts beschränkte sich seine Aufgabe nicht bloß darauf, Befehle zu geben, denen man gehorchen mußte; er sollte vielmehr stets auf seine Mönche hören, sich ständig bemühen, in ihren Worten Gottes Führung zu erkennen, und die Leitung der Gemeinschaft darauf aufbauen. Leider erwies sich Benedikts Hierarchie als nicht weniger gefährdet, mißbraucht zu werden, als Franziskus' Anarchie. Deshalb waren im Mittelalter viele Benediktineräbte kaum mehr als kleinliche Despoten.

Gehen wir noch weiter zu den Ursprüngen des Mönchstums zurück, so stellen wir fest, daß Pachomius eine höchst bemerkenswerte Führungsstruktur schuf, die für die einzelnen Mönche ein hohes Maß an Freiheit vorsah, doch gleichzeitig die soziale Ordnung sowie die geistliche Disziplin aufrechterhielt. Sie hat sich im Laufe der Zeit bewährt, denn sie hat in Äthiopien ohne nennenswerte Veränderungen 16 Jahrhunderte Fälle von Korruption überdauert. Innerhalb der von Pachomius begründeten Gemeinschaft gibt es zwei Arten von Vorstehern: geistliche Führer und Verwalter der materiellen Angelegenheiten. Die geistlichen Führer sind in der Regel ältere Mönche, die als Seelenführer und Beichtväter der Ordensleute wirken. Sie sind auch mit der Ordensdisziplin betraut und bestimmen die Strafe für jeden Verstoß gegen die Ordensregel. Sie werden durch das einstimmige Votum der Gemeinschaft gewählt und ernennen ihrerseits die weltlichen Verwalter des Klosters. Zu diesen gehören der Abt und andere Amtsträger, in der Regel jüngere Mönche, in deren Händen die Organisation der praktischen Dinge und die Verwaltung der Ressourcen liegt. Für praktische Entscheidungen müssen der Abt und seine Amtsträger die Mönche befragen und sich ihre Ansichten sorgfältig anhören. Wenn sie aber eigenmächtig zu handeln beginnen, können sie, nach angemessener Abmahnung, von den geistlichen Führern ihrer Ämter enthoben werden. Die geistlichen Führer können selbst nicht zu Despoten werden, denn ihre Ämter gestatten es ihnen nicht, selbst Entscheidungen über praktische Dinge zu treffen – und im übrigen können auch sie von der Gemeinschaft ihrer Ämter enthoben werden.

So konnte Machtmißbrauch vermieden werden, wie er das abendländische Mönchstum heimgesucht hat. Und, was noch wichtiger ist, es handelt sich hierbei um ein Führungssystem, das jeden in die Lage versetzt, sich voll am weltlichen und geistlichen Leben der Ordensgemeinschaft zu beteiligen. Da die geistlichen Führer über keine unmittelbare Macht verfügen und daher nicht die Verantwortung für Befehle an die Ordensleute tragen, können sie sich ganz auf die Suche nach praktisch und spirituell begabten Mönchen konzentrieren und sie ermutigen, ihre Fähigkeiten zu entwickeln und anzuwenden. Außerdem wissen sie durch ihren engen, vertrauten Kontakt mit den Mönchen über deren Ansichten und Befürchtungen Bescheid und können diese, falls notwendig, den praktischen Verwaltern übermitteln, damit sie berücksichtigt werden.

Als einzelne haben wir nur begrenzten Einfluß auf die unterschiedlichen Organisationen, denen wir angehören – die Firma, in der wir arbeiten, die Kirche, deren Mitglied wir sind, und dergleichen mehr. Doch eine Teilung zwischen »spiritueller« und praktischer Führung, wie Pachomius sie vorsah, garantiert gutes Management und ist daher in vielen Verwaltungsstrukturen enthalten. Damit können auch wir unsererseits dazu beitragen, daß die Dinge gut funktionieren. Innerhalb der christlichen Kirchen kennen sowohl die Anglikaner als auch die Methodisten solch ein Führungsmuster, das auf dieser Zweiteilung beruht. Bei den Anglikanern trägt ein Priester die Verantwortung für die spirituellen Belange, während die weltlichen Dinge in den Händen der Kirchenvorsteher liegen. Auch die Methodisten kennen ordinierte Geistliche und weltliche Verwalter. In der Praxis kümmern sich freilich die Priester oder Geistlichen häufig um alles, während die Kirchenvorsteher oder Verwalter mehr die Rolle von Assistenten spielen – eine Tendenz, die durchaus fair zu sein scheint, da der ordinierte Geistliche für seine Amtstätigkeit gewöhnlich bezahlt wird, während die anderen Helfer ehrenamtlich tätig sind. Daraus ergibt sich, daß die spirituellen Begabungen der Gemeindemitglieder nur selten nutzbar gemacht werden. Doch mit Einsicht und Einfühlungsvermögen gelingt es uns vielleicht, die Autorität der Kirchenvorsteher und Verwalter zu stärken und dadurch den Geistlichen nahezulegen, sich als spirituelle Ratgeber zu betrachten, welche die Begabungen ihrer Gemeinde erkennen und fördern.

Neuerdings hat sich die Kunst des Managements zu einer regelrechten akademischen Disziplin entwickelt. Zahlreiche Autoren haben die Rolle des Managers als »Facilitator« betont als »derjenige, der etwas erleichtert und fördert«. Uneffiziente, schwache Manager vereinigen gern alle Macht in ihrer Hand und sind nicht bereit, jemand anderem wirkliche Verantwortung anzuvertrauen. Folglich werden die Begabungen ihrer Mitarbeiter oft falsch eingesetzt, während sie selbst schwer damit zu kämpfen haben, Dinge zu tun, für die sie weder die Befähigung noch die Zeit haben. Eine erfolgreiche Firma hat übergeordnete Manager, die auf ihre Angestellten hören und so einen Ideenfluß ermöglichen. Sie sehen ihre Hauptfunktion darin, aus jedem Mitarbeiter das Beste herauszuholen, so daß ein möglichst hoher Effizienzgrad erzielt wird. Gute Manager treffen daher nur wenige praktische Entscheidungen selbst, sondern entscheiden lediglich, wer in der Lage ist, solche Entscheidungen zu treffen. Auf diese Weise ahmen sie die Rolle des geistlichen Führers einer Klostergemeinschaft nach.

Mit unseren bescheidenen Möglichkeiten können wir solche aufgeklärten Gedanken in unserer eigenen Kirchengemeinde sowie an unserem Arbeitsplatz fördern – und wir werden verblüfft sein, wie bereitwillig sie aufgenommen werden. Doch bevor wir versuchen, andere zu beeinflussen, müssen wir auf uns selbst blicken und uns fragen, ob wir unsere Fähigkeiten für den geistlichen Dienst richtig einschätzen. In einem Kloster, das der Regel von Pachomius folgt, haben selbst die geistlichen Führer, die andere leiten, ihre eigenen Seelenführer, bei denen sie Rat suchen. So sollten auch wir uns bemühen, jemanden zu finden, der unser spiritueller Führer sein kann. Dies mag ein Geistlicher sein, aber auch ein Freund, dessen Sach- und Menschenkenntnis wir achten. Wir müssen diese Person bitten, uns zu helfen, unsere Begabungen zu erkennen und uns unsere Grenzen zu zeigen, damit wir nicht unüberlegt ein Amt anstreben, das über unsere Fähigkeiten geht.

Wenn wir eine Führungsposition einnehmen, sollten wir uns ebenso davor hüten, selbstherrlich zu werden, alle Autorität an uns zu reißen und anderen Befehle zu erteilen. Wir sollten daran denken, daß wir unsere Position nur insoweit verdienen, wie wir den uns Anvertrauten zuhören, auf ihre Ideen eingehen sowie ihre Talente erkennen und fördern können. Es ist kein Zeichen von Schwäche, von anderen beeinflußt zu werden und unsere Ansichten in ihrem Sinne zu verändern. Nur schwache Menschen beharren stur auf ihrer Meinung, während die, die Gott mit moralischer Stärke gesegnet hat, das überlegene Urteil anderer mit Freude anerken-

nen. Es ist auch kein Zeichen von Schwäche, andere mit
Verantwortung zu betrauen. Im Gegenteil: Die meisten
Führungseigenschaften beweist derjenige, der andere zu
Verantwortlichen macht.

Denke über jemanden nach, den du gut kennst, schreibe
seine Begabungen auf und sei in deinem Urteil so
großzügig wie möglich. Dann tue das gleiche für dich
selbst und sei ebenso großzügig. Betrachte das Verzeichnis deiner eigenen Begabungen und frage dich, ob du sie
voll nutzt.

TOD

Manch einer von anscheinend guter Gesundheit und
tadelloser Lebensführung hat sich schon sorglos zu Bett
begeben, doch am nächsten Morgen war er nicht mehr
am Leben. Deshalb müssen wir stets auf den Tod
vorbereitet sein und uns darauf einstellen, uns vor
unserem Schöpfer zu verantworten. *Ignatius von Loyola*

Als der große keltische Mönch Columba nach langem,
ereignisreichen Leben beschloß, daß sein Werk auf Erden vollbracht sei, begann er zu beten, Gott möge ihn zu
sich nehmen. Abend für Abend begab er sich zur Kapelle seines Klosters auf Iona und bat Gott, ihn auf den
Tod vorzubereiten und ihn dann zu sich in den Himmel
aufzunehmen. Als ihn dann in der Fastenzeit des Jahres
597 heftige Magenschmerzen zu der Überzeugung brachten, seine Stunde sei nahe, bat er Gott, ihn noch bis nach
Ostern leben zu lassen, damit sein Tod nicht die Festlich-
keiten des Klosters störe. Als Ostern vorbei war, bat er
einen jungen Mönch, ihn um die Insel Iona zu tragen.
Zuerst besichtigte er die Scheunen und Vorratshäuser,
um sich zu vergewissern, daß seine Brüder bis zur nächsten Ernte noch genügend Vorräte haben. Dann ging er
zu jedem einzelnen Tier des Klosters. Die Tiere spürten

instinktiv, daß ihr geliebter Abt sie verlassen mußte, und ließen traurig die Köpfe hängen. Als er sich von den Pferden, Rindern und Schafen verabschiedet hatte, erklärte er seinen Brüdern, er werde bald sterben, und forderte sie auf, der Reihe nach in seine Zelle zu kommen, um ihn ein letztes Mal zu umarmen. Schließlich empfing er in der Todesnacht in seiner Zelle die heilige Kommunion und war danach imstande, noch einmal zur Kapelle zu gehen, wo er sich vor den Altar legte und starb.

Es gibt zahllose ähnliche Berichte über das Sterben berühmter Mönche und Nonnen, die schildern, wie sie sterben wollten – und wie dies den meisten auch gelang. Viele Formen des täglichen Offiziums enthalten die Bitte, von einem plötzlichen Tod verschont und lieber lange vorher gewarnt zu werden, damit man sich darauf vorbereiten kann, vor Gott zu treten. Da die meisten Mönche und Nonnen wenig Angst vor dem Tode haben, den sie als die letzte und glücklichste Stufe ihrer spirituellen Reise betrachten, nehmen sie bereitwillig die frühen Anzeichen der Erkrankung wahr, die zum Tod führt. In ihren letzten Lebensmonaten übertragen sie die verschiedenen Verantwortlichkeiten, die innerhalb der Gemeinschaft in ihrer Hand lagen, auf andere und widmen sich mehr und mehr dem Gebet. In den meisten Klöstern empfängt ein sterbender Mönch, wie einst Columba, seine Mitbrüder der Reihe nach in seiner Zelle, um sie für alles ihnen zugefügte Unrecht um Vergebung zu bitten und sich von ihnen zu verabschieden. Zum Zeitpunkt des Sterbens ist dann sein Beichtvater an seiner Seite, um ihn im Gebet Gott zu übergeben.

Auch die Beerdigungen zeichnen sich durch großen Realismus aus. Viele Klöster halten an dem mittelalterlichen Brauch fest, den Toten in ein Leichentuch zu wickeln, oder legen ihn allenfalls in eine dünnwandige Kiste, statt einen massiven, schweren Sarg zu verwenden. So ist gewährleistet, daß der Leichnam rascher verwest, so daß das Grab in 30 oder 40 Jahren wieder neu verwendet werden kann. Anstelle von dauerhaften Grabsteinen setzt man auf die Grabstätte lediglich einfache Holzkreuze, die ebenfalls nach wenigen Jahrzehnten zerfallen. Schließlich ist die Bestattung selbst von seltsamer Ungezwungenheit und Intimität, da der Verstorbene ein enger Freund und spiritueller Bruder nahezu eines jeden war, der an der Beerdigung teilnimmt. Man singt seine Lieblingshymnen, spielt seine Lieblingsmusik, und oft ist die Trauerrede mit liebevollen Anekdoten aus seinem Leben gewürzt.

Das Gebet um Schutz vor einem plötzlichen Tod fand aus dem klösterlichen Gottesdienst Eingang in *Cranmer's Litany*, die Generationen von Anglikanern bis in unser Jahrhundert hinein rezitierten und die erst in jüngster Zeit außer Gebrauch kam. Heute dagegen äußern die meisten, wenn sie überhaupt bereit sind, über den Tod nachzudenken, die Hoffnung, plötzlich zu sterben. Sie betrachten den Tod als furchterregendes Ereignis, das keinen Schatten auf das Leben werfen solle. Begräbnisse sind oft eine ambivalente Verpflichtung, die Unbehagen auslöst, abgesehen von der Verschwendung riesiger Summen, die kaum einem vernünftigen Zweck dienen. Der schwere Eichensarg, mit weicher Seide ausgeschlagen, signalisiert oft weniger die Achtung vor dem verstorbenen lieben Angehörigen als den Versuch, ihn gleichsam zu verhätscheln – als sei sein Körper nicht gestorben. Die steinernen Grabmale sind nicht nur ein

Trost für die Hinterbliebenen, sondern auch ein weiterer Versuch, die physische Endgültigkeit des Todes dadurch zu ignorieren, daß man ihm ein bleibendes Denkmal auf Erden setzt. Paradoxerweise pflegt die Feuerbestattung den gleichen Trugschluß mit ganz entgegengesetzten Mitteln: Die klinische Sauberkeit der Einäscherungskapellen hat etwas von der Atmosphäre eines Krankenhauses, in dem Menschen geheilt werden, und der Leichnam wird schließlich den Blicken der Anwesenden entzogen – aus den Augen, aus dem Sinn. Die heutige Art und Weise, mit dem Tod umzugehen, ist spirituell wie emotional unbefriedigend, denn wir finden es schwierig, direkt mit der Realität des Todes konfrontiert zu werden. Folglich haben viele Hinterbliebene Mühe, richtig zu trauern, und brauchen daher ungewöhnlich lange, um wieder in das Licht des Lebens zurückzufinden, wenn sie nicht gar auf einer frühen Stufe des Schmerzes stehenbleiben.

Die Sterbeklinik- oder Hospiz-Bewegung, mit der sich in den letzten Jahrzehnten unsere Einstellung zum Sterben und zum Tod zu ändern begann, wurde zum Teil vom Wissen der Ordensleute inspiriert. Das Anliegen ihrer Begründer, wie zum Beispiel Cicely Saunders, war, die letzten Monate im Leben eines Menschen zu einer Zeit des Friedens, der Liebe und Freude werden zu lassen. Medizinisch gesehen, geht es den Anhängern dieser Bewegung in erster Linie darum, Schmerzen zu lindern, anstatt das Leben künstlich zu verlängern. In spiritueller Hinsicht ermutigen sie die Sterbenden, sich dem nahenden Tod zu stellen und ihn zu akzeptieren.

Wie in einem Kloster ist der Sterbende in einem solchen Hospiz nicht allein. Vielmehr legt man den Patienten nahe, Familienangehörige und Freunde einzuladen, um ihre irdischen Beziehungen zum Abschluß zu bringen. Stets ist ein Ratgeber dabei – ein »weltlicher Beichtvater« –, dem der Patient seine innersten Ängste und Nöte anvertrauen und von dem er Trost und Ermutigung erfahren kann. In manchen Sterbekliniken sind auch die Lieblingstiere der Patienten zugelassen, falls sich der sterbende Patient, ebenso wie Columba, von seinen vierbeinigen oder gefiederten Freunden verabschieden möchte.

Bis jetzt gibt es aber im Bestattungswesen noch keine Anzeichen ähnlich gesunder und vernünftiger Lösungen. Abgesehen davon, daß wir bestimmte Choräle oder Musikstücke auswählen, treffen wir vor unserem Tod keinerlei Vorbereitung für unser Begräbnis, so daß unsere Hinterbliebenen nur wenige Tage zur Verfügung haben, um unser Begräbnis zu organisieren. Somit haben sie, von einem Bestattungsunternehmen beraten, kaum eine andere Wahl, als unsere Beerdigung nach dem gewohnten Muster zu gestalten. Außerdem gibt es strenge Gesetze, die die Beisetzung menschlicher Überreste regeln, um die öffentliche Hygiene zu gewährleisten, und diese schränken unsere Freiheit noch weiter ein. Doch wie die heute in Klöstern übliche Bestattungspraxis lehrt, gibt es noch beträchtlichen Spielraum für Verbesserungen. Wenn also beispielsweise jemand stirbt, der uns sehr nahestand, können wir von der Bestattungsfirma den leichtesten Sarg ohne teure Polsterung verlangen. Wenn der Leichnam im Grab liegt, können wir uns dem Druck all derer widersetzen, die einen massiven Grabstein wollen, und auf einem schlichten Holzkreuz bestehen, in das der Name des Verstorbenen eingeschnitzt ist. Außerdem benötigen wir bei der Bestattungszeremonie keine bezahlten Sargträger, sondern können die alte Sitte wieder aufleben lassen, daß Freunde und Verwandte den Toten zu Grabe tragen. Die Trauerrede schließlich kann, wenn der ortsansässige Geistliche den Toten nicht gut kannte, ein enger Freund oder Verwandter des Verstorbenen halten, der Begebenheiten aus seinem Leben zu erzählen weiß, die seine Persönlichkeit anschaulich näherbringen. Damit wird die Atmosphäre der Vertrautheit einer Trauerfeier geschaffen, wie sie in Klöstern üblich ist. Auch wenn der Leichnam verbrannt werden soll, sollte die Trauerfeier in einer Kirche stattfinden, weil sich die Atmosphäre einer alten Kirche hierfür besser eignet. Außerdem kann der Gottesdienst solange dauern, wie die Angehörigen es wünschen, so daß vielleicht mehr als nur eine Person Worte des Gedenkens sprechen kann und mehrere der bevorzugten Musikstücke gespielt werden können.

Man sagt, der unangemessene Umgang unserer modernen westlichen Gesellschaft mit dem Sterben und dem Tod sei auf den Verfall der Religion zurückzuführen. Die meisten, so wird behauptet, glauben nicht mehr an ein Leben nach dem Tod und betrachten somit den Tod nicht als einen Freund, den sie willkommen heißen, sondern als einen Feind, den es zu meiden gilt. Zwar ist an dieser Beobachtung durchaus etwas Wahres, doch enger Kontakt mit dem Ordensleben legt eine etwas andere Erklärung nahe. Mönche und Nonnen, die ihr ganzes Leben dem Gebet geweiht haben, geben sich selten mit theologischen Gewißheiten ab; vielmehr wissen sie, daß jeder Aspekt unserer Existenz ein Mysterium ist, das unser Auffassungsvermögen übersteigt. So hegen sie wie wir Zweifel an einem Leben nach dem Tod. Der Unterschied ist, daß sie zu diesen Zweifeln stehen und sie auch aussprechen, ohne sich der Schwäche ihres Glaubens und ihres Mangels an Verständnis zu schämen. Wenn aber erst einmal ein Zweifel ehrlich zugegeben wird – und sei es der größte Zweifel von allen, der sich auf das ewige Leben bezieht –, hat er nicht mehr den gleichen schrecklichen Zugriff auf das Herz des Menschen. Er kann dann Gott im Gebet dargebracht und Teil unseres Glaubens werden.

AUFGABE

Rufe dir den Tod eines Menschen ins Gedächtnis, den du gut kanntest. Dann verbringe eine halbe Stunde bequem in einem Sessel und stell dir vor, du würdest sterben wie er. Dann versuch dir über die Gefühle klar zu werden, die du dabei empfunden hast.

EPILOG

Wie jeder andere Bereich menschlichen Bemühens ist auch die Religion langfristigen Bewegungen und kurzfristigen Moden unterworfen. Um die Mitte des 18. Jahrhunderts wurde die englischsprachige Welt von der Evangelikalen-Bewegung ergriffen, die jeden einzelnen aufforderte, sich unmittelbar Jesus, dem Meister und Heiland, hinzugeben. Etwa 100 Jahre später legte die Traktarianer-Bewegung erneut Gewicht auf die Sakramente sowie die farbenfrohen Rituale des christlichen Gottesdienstes und rief die Gläubigen auf, die alten spirituellen Traditionen der Kirche wieder aufleben zu lassen.

Im 20. Jahrhundert war die charismatische Bewegung tonangebend, die den Hauptakzent auf die geistlichen Gaben oder das »Charisma« aller Gläubigen legte. In ihrer moderaten Form führte dies dazu, daß Laien eine aktivere Rolle im kirchlichen Ritus übernahmen, als Vorbeter fungierten, die Lesung übernahmen und sogar die Predigt hielten. In ihrer stark engagierten Form führte sie zu einer wahrhaft explosionsartigen Verbreitung spiritueller Ausdrucksformen. Manche »redeten in Zungen«, andere sprachen Prophezeiungen aus und wieder andere legten Kranken die Hand auf, um sie zu heilen. Jeder aber fühlte sich frei zu beten und zu sprechen, wie ihm der Heilige Geist eingab.

Als Kardinal John Henry Newman, einer der Begründer der Traktarianer-Bewegung, gestorben war, wurde ein Nachruf veröffentlicht, in dem ein führender Kirchenmann äußerte, unter Newmans Einfluß hätten sich das gesamte kirchliche Leben und der Gottesdienst in der protestantischen und katholischen Kirche vollkommen verändert. Gleiches könnte auch vom Einfluß der Führer der Evangelikalen und Visionäre der charismatischen Bewegung gesagt werden. Anfänglich riefen alle drei Bewegungen starken Widerstand hervor und schienen die christlichen Gläubigen zu spalten, doch nach ein oder zwei Generationen hatte das Wesentliche ihrer Ideen die gesamte Kirche durchdrungen. So sind wir, ohne dies unbedingt wahrzunehmen, ebenso Evangelikale, Traktarianer und Charismatiker.

Heute nähern wir uns der Jahrtausendwende und spüren die ersten Regungen einer neuen Bewegung, die sich, wenn die Zeit dafür gekommen ist, als ebenso einflußreich erweisen wird. Wir könnten sie als »Bewegung der Heiligkeit« bezeichnen. Auf materieller Ebene ist sie die Reaktion auf die Umweltkatastrophe, die unsere Spezies auf unserem störanfälligen Planeten ausgelöst hat. Heiligkeit bedeutet, einfach zu leben, im Einklang mit der natürlichen Ordnung. Auf der Ebene persönlicher Beziehungen ist das Streben nach Heiligkeit eine Reaktion auf das selbstsüchtige Konkurrenzdenken, das in den letzten zwei Jahrhunderten die westliche Kultur untergraben hat. Gehört doch zur Heiligkeit eine hohe Achtung vor verläßlichen, von Treue geprägten Beziehungen, in denen Menschen versuchen, zusammenzuwirken und sich gegenseitig auf dem Lebensweg zu stützen. Auf der spirituellen Ebene erkennt sie an, daß die Lehren und Institutionen der traditionellen Religionen, so viel sie zwar auch heute noch zu bieten haben, den meisten Menschen nichts mehr bedeuten. Dennoch ist unsere Zeit erfüllt von einer Sehnsucht nach unmittelbarer Beziehung zu Gott und der Unterwerfung des individuellen Willens unter den Willen Gottes.

Oft hört man die Behauptung, das politische, soziale und moralische Klima unserer Zeit gleiche auffallend den letzten Jahrzehnten des Römischen Reichs. Damals wie heute spürte man den drohenden wirtschaftlichen und ökologischen Zusammenbruch, nicht zuletzt, weil landwirtschaftlicher Raubbau dazu geführt hatte, daß die einst ertragreichen weiten Ebenen Europas und Afrikas, von denen das Reich seine Nahrungsmittel bezog, brachlagen. Damals wie heute zerbrachen in den großen und kleineren Städten familiäre und persönliche Beziehungen. Damals wie heute betrachteten viele die traditionellen religiösen Institutionen, darunter auch die christliche Kirche, als Einrichtungen spiritueller Selbstbedienung und Innenschau. So standen die Dinge, als buchstäblich Hunderttausende von Männern und Frauen hinaus in die Wüste und in die Wälder zogen und eine neue soziale und moralische Ordnung schufen – die der Klöster. Viele von denen, die in den Städten blieben, suchten in ihren eigenen vier Wänden die klösterliche Lebensweise nachzuahmen. Mönche und Nonnen sowie ihre Laienanhänger zögerten nicht zu bekennen, daß es ihr glühendster Wunsch sei, »heilig« zu werden.

Mag sein, daß wir vor einem solchen Wort noch zurückschrecken, weil wir vielleicht fürchten, es klänge unangemessen frömmelnd und selbstgerecht. Doch kein Mönch hat sich jemals selbst für heilig erklärt, und würde er es tun, so hätte er sich der Sünde des Hochmuts schuldig gemacht! Was zählt, ist das Streben nach Heiligkeit. Die Mönche und Nonnen früherer Jahrhunderte sehnten sich genauso wie wir danach. Was in den Ordensregeln »Armut« heißt, ist Harmonie mit der Natur. Zuverlässige persönliche Beziehungen sind in diesen Regeln unter »Keuschheit« zu verstehen, und die Unterwerfung unter den Willen Gottes wird bei den Mönchen »Gehorsam« genannt.

ORDENSLEUTE
UND IHRE SCHRIFTEN

AELRED (UM 1110–1167)

Aelred, der Sohn eines Priesters aus Hexham in Nordengland, war als junger Mann am Hof des Königs David
von Schottland als Verwalter des königlichen Haushalts
tätig. Er war von Natur aus ein liebenswürdiger Mensch,
fühlte sich aber immer stärker durch seine homosexuellen Neigungen beunruhigt. Als er mit König David die
neugegründete Zisterzienserabtei Rievaulx in Yorkshire
besuchte, beschloß er, dort als Mönch zu bleiben, und
kehrte nie wieder nach Schottland zurück. Schließlich
wurde er Abt von Rievaulx, und seine mit Güte gepaarte
Weisheit bewirkte, daß Ratsuchende aus ganz Europa
ihn aufsuchten. Seine Bücher, unter denen sein Werk
Spirituelle Freundschaft und sein *Spiegel der Nächstenliebe*
die schönsten sind, preisen den Nutzen enger Freundschaftsbeziehungen. Sie wurden vor einiger Zeit in den
USA wieder neu veröffentlicht.

ANTONIUS (UM 251–356)

Als junger Mann erbte Antonius einen großen Besitz in
Südägypten. Als er jedoch in der Kirche die Erzählung

von Christi Begegnung mit dem reichen Jüngling hörte, verkaufte er all sein Land sowie sämtlichen Besitz, gab den Erlös den Armen und ging in die Wüste, um als Eremit zu leben. 20 Jahre lang lebte er in völliger Einsamkeit und hatte eine Reihe spiritueller Kämpfe mit dem Teufel zu bestehen, der ihn versuchte. Dann bildete sich um ihn eine Gemeinschaft von Mönchen. Nun begann er auch weite Reisen zu unternehmen, um Kirchengemeinden Rat und Ermutigung zu geben – besonders denen, die unter Verfolgung litten. Das kleine Einkommen, das seinen Lebensunterhalt sicherte, verdiente er, indem er Matten flocht und verkaufte. Gewöhnlich betrachtet man ihn als Begründer des christlichen Mönchstums. Der Kirchenvater Athanasius verfaßte seine Biographie, und es wurden auch einige Sammlungen seiner Sprüche veröffentlicht. Heute liegen zahlreiche Übersetzungen vor. Man findet sie in der Regel in Anthologien über das Leben und die Lehren der »Wüstenväter«.

Augustinus von Hippo (354–430)

Augustinus, Sohn eines heidnischen Vaters und einer christlichen Mutter, fühlte sich als junger Mensch zur Sekte der Manichäer hingezogen, die alle leiblichen Begierden als Sünde ansahen und strenge Askese verlangten. Doch er sah sich nicht imstande, nach dieser Lehre zu leben, hielt sich weiterhin eine Geliebte und genoß gutes Essen und guten Wein. In einem Zustand von starkem Schuldbewußtsein und Selbsthaß wandte er sich dem Christentum zu, dessen Lehre er zuvor als zu plump und simpel verachtet hatte. Er begab sich nach

Hippo in Nordafrika, das in der Nähe seiner Heimatstadt lag, wo er ein Kloster gründete. Acht Jahre später wurde er Bischof von Hippo. Er war ein glänzender Theologe und ein beherzter Kämpfer gegen alle, die er als Irrgläubige betrachtete; doch seine Ordensregel ist bemerkenswert praxisbezogen und milde.

BASILIUS (UM 330–379)

Basilius stammte aus einer ebenso angesehenen wie frommen Familie. Sowohl seine Großmutter als auch seine Eltern und seine beiden jüngeren Brüder wurden heiliggesprochen. Nach seiner Ausbildung an den besten Hochschulen des Oströmischen Reichs zog er sich als Eremit in die Nähe von Caesarea (Kappadokien) zurück. Doch der Ruf seiner Weisheit verbreitete sich so weit, daß man ihn nach zehn Jahren drängte, Bischof von Caesarea zu werden. Er gründete zahlreiche Schulen und Hospitäler und richtete auch Küchen ein, um die Armen zu speisen. Außerdem kümmerte er sich mit großer Sorgfalt um die Auswahl geeigneter Männer für das Priestertum. In seinem Bistum gab es zahlreiche Gruppen von Mönchen, und er verfaßte eine Ordensregel, um diese Mönche zu führen und zu ermutigen. Er forderte sie dazu auf, Herbergen für Besucher, Hospitäler für Alte und Kranke sowie Schulen für junge Leute zu errichten. Seine Regel ist noch heute in der gesamten Ostkirche in Gebrauch. Eine gute Auswahl seiner Schriften findet man in Georges A. Barrois (Hrsg. u. Übers.), *The Fathers Speak* (New York 1986). Eine deutsche Übersetzung enthält die *Bibliothek der Kirchenväter*, 4. Ausg. (1932ff.).

So wie Basilius der Patriarch des ostkirchlichen Ordenswesens ist, hat Benedikt eine ähnliche Bedeutung für die
Kirche des Westens. Nach Studien in Rom ging er nach
Subiaco, um dort als Eremit zu leben. Bald schlossen sich
ihm andere an, und es entstand ein Kloster. Doch gegen
seine Führung erhob sich eine so starke Opposition, daß
man ihm nach dem Leben trachtete. So verlegte er sein
Kloster auf den Monte Cassino in der Nähe von Neapel,
wo er eine sehr erfolgreich tätige Ordensgemeinschaft
gründete und mit seinen Anhängern in Frieden leben
konnte. (Das von ihm dort gegründete Kloster wurde
zum Mutterhaus aller Klöster des Westens. Anm. d. Ü.). Er
verfaßte eine Regel, die von großer Toleranz und Duld-
samkeit gegenüber den Schwächen der menschlichen
Natur geprägt ist und von starker spiritueller Hingabe
zeugt. Später ordnete Papst Gregor der Große an, daß
sämtliche Klöster der Westkirche diese Regel annehmen
sollten, die noch immer von den religiösen Orden der
Benediktiner und der Zisterzienser befolgt wird. Es
gibt von ihr zahlreiche Übersetzungen ins Englische,
darunter eine ausgezeichnete von David Parry (London
1984). Eine deutsche Version von P. Steidle erschien im
Jahre 1952.

BERNHARD VON CLAIRVAUX (UM 1090–1153)

Als junger Mann war Bernhard für seinen Witz und seine
Beredsamkeit bekannt, so daß er für eine erfolgreiche
Laufbahn in der Politik bestimmt schien. Doch mit 22

Jahren trat er in das heruntergekommene und verarmte Benediktinerkloster Cîteaux ein, das unter seinem Einfluß sowohl wirtschaftlich als auch spirituell reformiert wurde. Er gründete dort einen neuen Orden, den man nach dem Namen seines Reformklosters als Zisterzienser bezeichnete. Die Zisterzienser wollten zur Schlichtheit der strengen Ordensregel zurückkehren, die in Benedikts erstem Kloster galt. Im Jahre 1115 gründete Bernhard ein neues Kloster in Clairvaux, das zum Mutterhaus zahlreicher neugegründeter Klöster in Frankreich, Britannien und Deutschland wurde. Zu ihnen gehört das Kloster Rievaulx in Yorkshire, dessen Abt Aelred wurde. Bernhard wurde nicht nur durch ein bemerkenswertes Geschick im Umgang mit finanziellen und administrativen Angelegenheiten bekannt, sondern förderte seine Mönche auch auf dem Weg des mystischen Gebets. Es gibt zahlreiche Übersetzungen seiner Predigten, Briefe und Traktate ins Englische, darunter eine Sammlung in der Reihe *Classics of Western Spirituality* (New York 1987). Eine deutsche Übersetzung liegt vor von E. Friedrich und A. Wolters, *Die Schriften des Honigfließenden Lehrers Bernhard von Clairvaux*, Band 1–4 (1934–1936).

Brigida von Kildare (um 453 – um 525)

Als junges Mädchen verabscheute Brigida die Grausamkeit und Unmoral ihres Vaters, der ein heidnischer Stammesführer war. Schließlich verkaufte ihr Vater sie als Sklavin. Die Grundregeln des Christentums lernte sie von einer Mitsklavin und entschloß sich, eine christliche Ordensgemeinschaft zu gründen. Ihr erster Platz war unter einer riesigen Eiche, auf welche der Name Kildare zurückgeht, der nichts anderes bedeutet als »Zelle bei der Eiche«. Brigida und ihre Ordensschwestern wurden bald wegen ihrer Fürsorge an den Armen und Kranken berühmt.

DAVID (GEST. 601)

Nach der Legende wurde David als Sohn eines walisischen Stammesfürsten geboren, der Davids Mutter Non geraubt hatte. Nachdem er an der berühmten Schule von St. Iltut erzogen worden war, gründete er ein Kloster an der Südwestspitze von Wales. Von dort zogen er und seine Mönche durch das westliche Wales, predigten das Evangelium und gründeten Kirchen. Er verfaßte eine einfache Ordensregel, das einzige erhaltene Dokument dieser Art, das aus den zahlreichen keltischen Klöstern Britanniens und Irlands überliefert ist.

FILIPPO NERI (1515–1595)

Nach kurzer Arbeit im Geschäft seines Onkels in Florenz reiste Filippo Neri nach Rom, um Theologie zu studieren. Hier hauste er in einer winzigen Dachkammer und bekam als Erzieher der Söhne seines Hausbesitzers einen bescheidenen Lohn. Seine Freizeit verbrachte er in den Straßen und Cafés der Stadt, wo er mit jungen Männern über das Evangelium diskutierte. So bekehrte er viele und wurde schließlich zum Priester geweiht. Nun gründete er eine kleine Gemeinschaft von Priestern, die nach einer einfachen Regel lebte, welche sich auf ihr Gebet und auf die Verwaltung ihres Einkommens bezog, ohne daß sie Gelübde ablegen oder ihrem Besitz entsagen mußten. Er und seine Brüder verbreiteten weiterhin das Evangelium in den Straßen Roms und betreuten Hunderte von Besuchern.

FRANZISKUS VON ASSISI (1181/82–1226)

Franziskus, der eigentlich Giovanni Bernardone hieß, war der Sohn eines reichen Tuchhändlers aus Assisi. Als junger Mann war er gutaussehend und geistreich und genoß das gesellschaftliche Leben seiner Heimatstadt. Nach kurzem Militärdienst hörte er eine Stimme, die vom Kreuz einer verlassenen Kirche zu kommen schien und ihn aufforderte: »Repariere mein Haus.« Daraufhin verzichtete Franziskus auf sein Erbteil und lebte in der Kirche, deren Mauerwerk er mit eigener Hand wiederherstellte. Dann zog er von Ort zu Ort, predigte das Evangelium und lebte ausschließlich von der Freigebigkeit der Menschen. Bald schlossen sich ihm andere Anhänger des christlichen Armutsideals an, und es bildete sich der Orden der Franziskaner. Seine persönliche Liebenswürdigkeit und seine Liebe zur Natur machten ihn zum volkstümlichsten aller christlichen Heiligen. Seine Ordensregel ist eher langweilig und schwerfällig. Vielleicht kam sie unter dem starken Einfluß seiner Ratgeber zustande, denen daran lag, die Billigung des Papstes zu finden. Doch seine anderen Schriften sind von großer Frische und Poesie. Man findet eine neuere Übersetzung ins Englische in der Reihe *Classics of Western Spirituality* (New York 1982). Deutsche Übersetzungen von K. Esser u. L. Hardick, *Franziskanische Quellenschriften*, 2. Aufl. 1956, sowie W. von den Steinen (1958).

IGNATIUS VON LOYOLA (1491–1556)

Wie Franziskus von Assisi war auch Ignatius ein reicher und beliebter junger Mann, der gutes Essen und Wein nicht verschmähte, und auch er verbrachte eine kurze Zeit seines Lebens als Soldat. Schwer verwundet und dadurch zum Krüppel geworden, wandte er sich einem christlichen Leben zu und beschloß, den Kampfgeist und die Disziplin des Militärs in den Dienst Christi zu stellen. Er verfaßte die *Geistlichen Übungen* (Exerzitien), die nichts anderes als eine rigorose Anleitung zum spirituellen Leben sind. Er begründete die »Gesellschaft Jesu« (Societas Jesu), den Orden der Jesuiten, dem die Aufgabe zugedacht war, das Evangelium in die entlegensten Winkel der Welt zu tragen. Der Einfluß der Jesuiten auf die Religion und Kultur jedes Kontinents war immens. Ignatius' Lehren bleiben ein aufrüttelnder Ruf zum Ringen um echte christliche Spiritualität.

KATHARINA VON SIENA (1347–1380)

Als jüngstes der zahlreichen Kinder eines Färbers aus Siena schwor Katharina im Alter von zwölf Jahren, sich ganz und gar Christus zu weihen, den sie als »süßen Bräutigam meiner Seele« bezeichnete. Im Alter von 20 Jahren sammelte sie eine Gruppe von Anhängerinnen um sich, die sie als ihre »Familie« bezeichnete und die sich der Kranken und Armen annahm. Doch mehr und mehr wurde sie sich ihrer Berufung als Lehrerin und Beraterin bewußt. 1370 verfaßte sie den ersten einer Reihe von »offenen Briefen« über spirituelle und politische Themen. Außerdem unternahm sie weite Reisen und legte den Menschen nahe, Buße zu tun und sich ganz Christus hinzugeben. Sie verlangte von der Kirche, alle Korruption und Weltlichkeit aufzugeben und sich zu reformieren.

KLARA (1194–1253)

In Assisi geboren, kam Klara im Alter von 18 Jahren unter den Einfluß des Franziskus von Assisi, als sie ihn predigen hörte. Seinem Beispiel folgend, gab sie all ihren weltlichen Besitz auf. Doch als Frau fühlte sie sich nicht imstande, sein Wanderleben nachzuahmen. Deshalb suchte Franziskus für sie ein kleines Haus in Assisi, wo sie bald andere junge Frauen um sich scharte. Die von Klara gegründete Ordensgemeinschaft, die Klarissinnen, lebte in äußerster Armut und nach strengen Regeln. Die Ordensfrauen widmeten sich dem Gebet und der Kontemplation. Franziskus blieb ihr geistlicher Führer, dessen Ordensregel sie annahmen.

PACHOMIUS (UM 290–346/347)

So wie Antonius der Begründer des christlichen Mönchswesens war, brachte Pachomius als erster Mönche zu geordneten Gemeinschaften mit strenger Regel und einem genau festgelegten Tagesablauf zusammen. In Südägypten geboren, wurde er Christ, da er als Krieger sehr stark von der Fürsorge der Christen gegenüber Verwundeten und Kriegsgefangenen beeindruckt war. Anfangs lebte er als Eremit, doch im Jahre 320 begründete er die erste von neun klösterlichen Gemeinschaften. Diese Klöster ähnelten großen Dörfern, deren Bewohner ihre Nahrung und Kleidung selbst herstellten und sich auch um die Armen und Kranken kümmerten, die zu ihnen kamen. Er verfaßte die erste Ordensregel und legte großen Wert darauf, daß die Leiter seiner Klöster über die Aktivitäten ihrer Gemeinschaft sorgfältig Tagebuch führten, um sich zu vergewissern, daß seine Regel auch eingehalten wurde. Noch immer folgen die Klöster Äthiopiens dieser Regel.

THERESA VON AVILA (1515–1587)

In ihrem 20. Lebensjahr trat Theresa in ein Karmeliterinnen-Kloster ihrer Heimatstadt Avila ein. Doch erst im Alter von 40 Jahren erfuhr sie ihre »zweite Konversion«, die sie zur Mystikerin machte. Sie erlebte intensive Visionen und ekstatische Zustände, bei denen es ihr schien, daß Christus ihr Herz mit einem Speer durchdrang. Im Jahre 1562 begründete sie einen neuen Konvent, in dem sie und ihre Anhängerinnen in der Einfachheit der frühen Karmeliterinnen lebten, die auch das Barfußgehen verlangt (daher auch: »Unbeschuhte Karmeliterinnen«). Sie verband leidenschaftliches Beten mit gesundem Menschenverstand und erwies sich so als bedeutende Lehrerin wie auch als ausgezeichnete Klosterleiterin. Bis zu ihrem Tod hatte sie weitere 16 Karmeliterinnenklöster gegründet, die der schlichten Regel folgten.

Verlag Hermann Bauer · Freiburg im Breisgau

Ariel Spilsbury und Michael Bryner

Das Maya-Orakel

Das kodierte Wissen der Meister der Zeit

352 Seiten, 44 Farbkarten im Schuber, gebunden
ISBN 3-7626-0484-3

Woher die Kultur der Maya kam, warum ihr Reich im 9. Jahrhundert n. Chr. so plötzlich unterging, ist bis heute ein ungeklärtes Rätsel. Das Berühmteste, was die Maya der Nachwelt hinterließen, ist ihr Kalender, der Tzolkin, mit dessen Symbolen und Prophezeiungen das vorliegende Orakelbuch arbeitet.
Es vermittelt Ihnen einen Zugang zum kodierten Wissen der Maya, den »Meistern der Zeit«. Die unsichtbaren Kräfte des Maya-Orakel können zu einer unschätzbaren Hilfe für Sie werden. Befragen Sie die 44 Karten zu wichtigen Entscheidungen in Ihrem Leben. Die Antwort enthält stets eine Fülle praktischer Ratschläge und Hinweise.
Mit dem Maya-Orakel können Sie Ihr spirituelles Wachstum fördern und dabei eine heilige Beziehung zu Ihrem essentiellen Selbst herstellen – dem Teil, der stets in direkter Verbindung mit dem Schöpfer steht. Es wird Ihnen ermöglichen, spontaner, offener, verspielter, liebevoller und vertrauensvoller zu werden. Das Maya-Orakel will uns eine galaktische Perspektive eröffnen: Wer bin ich in Beziehung zu Gott? Wie kann ich – auf der Grundlage von Erkenntnissen, die mir mein essentielles Selbst vermitteln – die Welt und meine persönlichen Probleme anders erfahren? Was wird mir auf meiner spirituellen Reise förderlich sein und in welchem Verhältnis steht mein individueller Entwicklungsprozeß zum größeren Evolutionsmuster?

Verlag Hermann Bauer · Freiburg im Breisgau

Verlag Hermann Bauer · Freiburg im Breisgau

Vivienne Berry,
Rea Byers und Henry Roux de Bézieux

Ein Kurs im Channeln

Durch NLP in Verbindung mit den geistigen Lehrern

152 Seiten, Kartoniert. ISBN 3-7626-0478-9

Ein internationales Autorenteam hat hier den Versuch unternommen, dem Phänomen des Channelns auf die Spur zu kommen. Wie stellt man den Kontakt zu geistigen Lehrern her? Wie läuft Channeln ab? Gibt es dabei einen bestimmten Ablauf, hilfreiche Regeln und Strategien? Die Antworten darauf kristallisieren sich zu einem Bild und werden anhand einfacher NLP-Techniken zu einem Modell des Channelns.
Das NLP (Neurolinguistisches Programmieren) hat einen triumphalen Einzug in viele Bereiche gehalten. Sachkundig erschließen Ihnen die Autoren – zwei von ihnen sind NLP-Trainer, die dritte NLP-Practioner und weltbekannter Channel – den geheimnisvollen Weg des Channelns. Nehmen Sie teil an den beglückenden Erfahrungen, die einige der Channels machten, nachdem sie sich den spirituellen Dimensionen öffneten.

Verlag Hermann Bauer · Freiburg im Breisgau